こどもの
みらい叢書
3

子どもが教えてくれた世界

家族社会学者と息子と猫と

片岡佳美

世界思想社

はじめに

子どもはどうしてここまで夢中に遊べるのだろう。
子どもはどうしてじっとしておくことが苦手なのだろう。
子どもはどうして宿題をさっさと終わらせないのだろう。
子どもはどうしてしょうもないことをするのだろう。
子どもはどうしてこんなにもやさしいのだろう。

休日、大勢の親子づれで賑わう特設の子ども遊園地。ミニ蒸気機関車に乗れるということで、子どもたちが長蛇の列をつくっています。鉄道好きのわが子（当時五歳）も、当然それに並びます。が、並ぶと機関車が見えなくなります。機関車を見ようと、最初は頭だけ、そのうち体も横にずれていき、ついには並んでいる列から完全にはみ出してのぞき込んでしまいます。すると、わが子の後ろに並んでいた子どもがわが子を抜かして前に詰めます。わが子は、それに気がつかず、一番前で起きていることをわくわくした顔で見ているのでした。列の外でそれを見ている私が焦って、「何してるの！　ちゃんと並ばないと抜かされるよ！」と大声で呼びかけるとやっと気づくのですが、列にはもう自分の戻る場所がありません。「ほら、ちゃんと並ばないから！もう、何やってんのー！」と私。しかし、わが子は泣きもせず怒りもせず最後尾に並び直します。そしてまた、体を斜めにして機関車をのぞき込んでいます。私は、イライラしながら「列からはみ出さなーい！　ちゃんと並んでー！」と叫び続けるのでした。

無駄に並び直してばかりなので、「乗りたくないの？」と聞くと、「ぜったい乗る」とのこと。それならどうして抜かされないようにきちんと並んでおかないのか。私としては、わが子がみすみす自分の権利を他人に譲ってしまっているのが不可解であり、また腹立たしくてなりませんでした。この子はどうして待ち時間を自ら長くしていることが分からないのかと。

しかしやがて、わが子は時間など全然気にしていないということが分かってきました。この子にとっては、いつか自分の番がちゃんと来るなら、それが三分遅れようが一〇分遅れようがべつにかまわないのです。それよりも、ミニ蒸気機関車の「お顔」がどうなっているのか、どのように動いているのかをずっと見ていたいのです。それが、おもしろくてたまらないのです。時間より大切なものが、わが子にはあったのでした。

思えば私も、昔はそんな子どもだったのでした。机に向かっても勉強せず、だれにも見せないマンガを夢中になって描いていました。それに時間やエネルギーを費やすことにどんな意味があるのか、どう役に立つのか、といったことは考えたこともありませんでした。今では、競争社会で生き残るためにいかに効率的に仕事をこなしていくかということばかり考えていますが、決して最初からそうではなかったのでした。

親になって一一年。私のこれまでの人生ではまだわずかな期間なのですが、その間に何度驚かされ、気づかされ、考えさせられたことかと思います。

「家族についての研究をしています」とか「大学で社会学を教えています」などと自己紹介すると、自分自身の親子関係についても客観的に分析して解説でき、理想的な子育てを実践していると思われることもありますが、全然そんなことはありません。研究を通して広げてきた知見を実践に活かすというよりは、むしろ子どもとの生活で体験したことが理論の理解を深めてくれたり、調査の新しいアイデアにつながったり、研究を助けてくれているという実感のほうが強いです。

いや、研究に役立っているとか、そんな狭い話で終わらせるべきではないでしょう。子どもは、私の中にある「これはこうだ」とか「こうすべきだ」といった認識を揺さぶるような問いを次々に投げかけてきます。そのたびに、「子どもはどうしてそうなのか、どうしてこうでないのか」と戸惑い、途方に暮れ、ときに怒ったりもしました。でも、そうしながら考え続けていくうちに、「人間っておもしろいな」としみじみ思えてくるのでした。

子どもという「異星人」に出合い、日々追われる生活の中で「当たり前」として見過ごしてきた世界をあらためて眺め直すことで、今さらながら「へえ、そうだったのか、知らなかった」と、この世界の奥深さに感嘆することが多くなりました。

私たちが生きているこの世界は、非常に重層的なものです。言ってみれば世界のかたちは見る人の数だけ違っています。こうでもあり、ああでもあり、そうでもあるのです。

政治哲学者ハンナ・アーレントは、世界を人びとの真ん中にあるテーブルにたとえました。それぞれの座席からの見え方は違う。けれども、私たちは同じテーブルを見ている。テーブルはそうやって、私たちをつないでいる…。

そう、私たちは、このテーブルを囲んで共に生きているのです。「私たち」とは、もちろん私と子どもだけではありません。友だちも、近所の人も、知らない人も含みます。人だけでなく、野良猫たちだっています。世界では、いろいろなものが一緒に生きているのです。そう思うと、ここに生きているということが、とても尊くありがたく感じられます。

この本は、私が子どもとの出合いを通して得た、そんな体験について書いたものです。子どもという「異星人」が私にどんな世界を見せてくれたか、そしてその世界はどれほどたくさんの自由な色であふれているか――私の驚きと喜びが伝われば幸いです。

目次

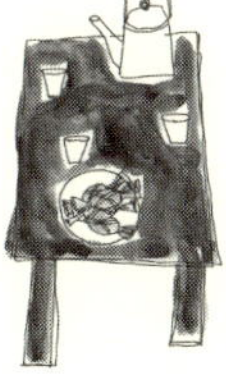

イラスト　まきみち

I　家族生活のなかで

第1章　早寝、早起き、朝ごはん――家庭の教育力？

「早寝早起き朝ごはん」国民運動をご存知ですか。子どもの基本的生活習慣の乱れを改善することを目指し、文部科学省は二〇〇六年度に「子どもの生活リズム向上プロジェクト」事業を開始しました。この事業を実際に進めていくためには社会全体での取り組みが欠かせないとして、ＰＴＡや民間団体などが参加する「早寝早起き朝ごはん」全国協議会が設立されました。「早寝早起き朝ごはん」国民運動は同協議会が展開するもので、目的はその名の通り、早寝・早起きし、朝ごはんをしっかり食べるという基本的な生活習慣を子どもたちに浸透させることです。文科省の事業自体は二〇〇八年度まででしたが、その後も同省と同協議会は連携してこの運動を継続し、全国でさまざまなイベントや普及啓発事業を行なっています。

この運動のために発行された、小学生以下の子どもと保護者向けのパンフレット『できることからはじめてみよう「早ね早おき朝ごはん」』（平成二九年度版）を見ると、規則正しい睡眠と朝食の摂取が子どもの成長や学力向上にとって重要であることが強調されています。さらに、そうした基本的生活習慣の形成にとって、親子のコミュニケーションが大切だとも述べ、「大人も子供も一緒になって、無理せず、できることから挑戦してみましょう」と呼びかけています。また、中高生向けのパンフレットでは、規則正しい生活ができているかどうかを生徒自らが書き込んで確認するためのチェックシートも付いています。子どもや親が、自らの家庭生活を見直し反省し、改善に努めることが重視されているのがうかがえます。

遅寝遅起き朝ごパン…

そうやって自分たちの家庭生活を振り返るよう促されると、「ああ、これではダメだ、きちんとしなければいけない」と反省する人は多いでしょう。わが家の場合もそうです。平日、私は仕事で帰宅時間が遅くなるし、最近は子どものほうも、部活や習い事で帰宅が遅くなっています。そうすると、夕食・風呂がどうしても遅くなりがちです。加えて学校の宿題もたくさんあるわけですから、子ども（小学生）が寝る時間は一〇時半を過ぎてしまいます。すると、朝起きるのは七時過ぎになり、七時五〇分には登校のため家を出発しなければなりませんから、朝ごはんはパンなど主食のみの簡単なもので済ませがちになります。ですから、「〝早寝早起き朝ごはん〟、きちんとできていますか」と問われると、「きちんとはできていません。むしろ、遅寝遅起き朝ごパンです…」と答えざるをえず、恥ずかしい気持ちになります。

私を含め、多くの大人たちは、子どもの頃から規則正しい生活を送るべきだとうるさく言われてきたこともあり、「早寝早起き朝ごはん」が常識的によいこと、正しいことであるのは認識しています。けれども、忙しさのためについおろそかになってしまうのです。そこへあらためてこうした運動によって自分の生活を振り返るよう言われると、「痛いところを突かれたな」という感じになります。それで私たちが「もっときちんとしなければ！」と反省するなら、まさにそれは「早寝早起き朝ごはん」運動のねらい通りです。

運動の担い手側は、さらに効果を上げようと、規則正しい生活習慣が子どもにもたらす利点を説くことにも力を入れています。寝る時間が早い子どもは自己肯定感が高い傾向があるとか、朝食を毎日食べている子どものほうがそうでない子どもよりも学力調査の平均正答率が高いとかいったことを、調査データを用いて示すのです。こうした情報は、親たちにおける生活改善のモチベーションを一層高めるのに効果的でしょう。

こうした進め方を見ていると、この運動の根幹には、子どもの生活習慣の問題は家庭ないしは親が本気になれば解決するという考えが存在しているように思われます。ちょうどこの運動が始まった頃に改正された教育基本法で、子どもの生活習慣について家庭教育の責任をうたう条文が新たに設けられたことをふまえれば、それは当然の方向性だと言えるのかもしれませんが。

がんばっても、できない

では、運動の成果はどうなのでしょうか。文部科学省「全国学力・学習状況調査」（小学校六年生対象）の二〇〇七年度と二〇一三年度の結果を比較すると、平日起床時刻は、「六時より前」は七・七％から一〇・三％に、「六時～六時半」は二六・九％から三一・四％に上昇し、「六時半～七時」は四〇・〇％から三八・四％に、「七時～七時半」は二一・八％から一七・三％に減少しています。平日の就寝時刻も、一一時以降という子どもは、一七・七％から一四・八％に減少しています。朝食を毎日食べるという割合も、八六・三％から八八・六％に微増しています。同調査は中学三年生にも実施していますが、中学生のデータでも同様な傾向が確認されています。

これらの結果をどのように見るべきでしょうか。子どもの基本的生活習慣問題が徐々にではあるが改善されつつあると見なすべきでしょうか。それとも、思ったほど運動の効果がうかがえないと見なすべきでしょうか。前者の立場をとるなら、さらに啓発と意識改革を強化し、家庭ないしは親にもっと本気で取り組んでもらおうという話になるでしょう。しかし、私自身はどちらかと言えば後者の立場をとりたいです。

先に述べたように、わが家ではきちんと「早寝早起き朝ごはん」ができておらず、それがいかに重要であるかを説かれるたびに反省するわけですが、かといって改善はできていません。というより、正確に言えば「できない」のです。仕事、学校、習い事、部活のそれぞれが要求するタイムテーブルに応じれば、「早寝早起き朝ごはん」を理想通り実現するのは無理です。だから、運動によって家庭のがんばりをいくら鼓舞したところで、成果は乏しくても当然だろうと思います。

例を変えて考えてみましょう。富山県の中学一年生約一万人を対象に実施された調査によれば、朝食の欠食率は、両親と子どもからなる世帯や三世代同居世帯では四％ほどだったのに、母子世帯では一三・四％、父子世帯では一七・六％に上ったということです（関根　二〇一〇）。昨今ひとり親世帯における貧困やそれに伴うさまざまな問題が指摘されていることをふまえると、自らの力だけではどうしようもないことでかれらが困っているということが推測されます。とすれば、家庭がかかえている困難への理解や支援なしに、親や子どもの努力だけを求めても、子どもの生活習慣問題は解決しないでしょう。

確かに、「早寝早起き朝ごはん」運動でも、親たちのワーク・ライフ・バランス（仕事と生活の調和）の実現に協力するよう企業に求めるなど、家庭の努力だけでなく職場の変化も重要としています。けれども、職場だけでなく、子どもの学校や部活、習い事にも変化が起こらなければどうしようもないのです。また、仕事の時間や仕事に費やすエネルギーが減っても、貧困など他の問題で身動きがとれない家庭では、生活習慣の改善どころではないでしょう。つまり、本人がどうすることもできないことで評価されるのを、なんとかしなければならないのです。実際、「早寝早起き朝ごはん」がきちんとできている人ほど自己肯定的だとかテストの点数が高いとかいうのも、見せかけの相関関係で、階層などの社会経済的な要素を考慮すれば、むしろそちらの影響力のほうが決定的である可能性が考えられるのです。それなのに、本人や家庭の努力ばかり求められるのです。

「からだの主人公」はだれ？

教育学者の汐見稔幸氏は、「からだの教育」は、一度身についてしまうと変更されにくいという意味で、頭の教育や心の教育以上に、人間にとって重大なものだと言います。そのような立場から、近年の子どもの生活習慣問題については、子どもが大人の生活リズムに巻き込まれ、自分自身のからだの主人公になりきれていないことを問題視しています（汐見　二〇〇六）。

「自分のからだの主人公になる」という考え方は、なぜ子どもにとって生活習慣の話が重大な問題なのかを考えるうえで大変示唆的です。基本的生活習慣の乱れは、子どもの気力や意欲、あるいは学力に影響するという理由で問題なのではありません。親の仕事の都合、子どもの学校や部活などの都合、あるいは生活環境などの事情——つまり、子どもの力ではどうにもできないことがら——によって生活リズムが乱れ、そのためにいきいきと生きられない状況に、子ども自身が耐えさせられているということが深刻な問題なのだと思います。そうした視点から考えれば、「早寝早起き朝ごはん」の徹底というより、子どもが自分自身のからだの主人公になること、つまり、子どもの力でどうにもならないことで子どもの身体や生活にデメリットを与えないようにすることこそ、社会全体で取り組むべきことなのではないでしょうか。

汐見氏は、今日の社会構造や文明が人間のからだに及ぼす影響を、危機感をもって捉えています。私たちの社会では、暑かったらすぐエアコンをつけたり、少しの距離でも車に乗ったり、添加物がたくさん入ったできあいの食べ物を食べたりするのが普通になってきています。また、深夜営業の店も増え、生活も夜型になっています。今の子どもたちのからだづくり（からだの教育）は、そのようなところで行なわれているということです。近年、子どもの運動能力の低下や情動抑制能力の不十分さが指摘されていますが、それらを助長しているのはこうした社会状況だと汐見氏は言います。生活習慣の問題についても、同じことが言えるでしょう。個人や家庭の責任ばかり強調するのではなく、もっと社会構造の問題として捉える必要があると思います。

結局、「早寝早起き朝ごはん」とは、学校や大人たちの仕事――つまり、この社会のメインの領域――が要求する生活リズムに全員が合わせなさいという話なのです。それぞれが寝たいときに寝て、起きたいときに起きて、食べたいときに食べる、というのであってはいけないのですね。もちろん、そんな自由を許せば学校も仕事も成り立たなくなるのですが、「早寝早起き朝ごはん」とはそもそもそういうものだということを理解しておくことは大切でしょう。

第2章　家庭の味——家族の「絆」の強化

近年、学校などを中心に「食育」の取り組みが広がっています。そうしたなかで、よく問題になるのが、外食・中食に頼りがちな食生活です。かくいう私も、平日は仕事から帰るのが遅いので、それから買い物をして料理をするというのがつい面倒になり、外食や市販の弁当・総菜、冷凍食品などをよく利用して子どもに食べさせています。ですから、家族の食生活が問題視されるとドキッとします。この感じは、「早寝早起き朝ごはん」のときと同じです。「家庭の味」を子どもにちゃんと食べさせられていない、という負い目と反省で心が痛むのです。そう、私たちの社会では、「家庭の味」は望ましいもの、大事なものなのです。

では、そもそも「家庭の味」とは何なのでしょう。各家庭独特の料理の味を指すのですから、それは、その家族集団の個性や独自性を表すものです。したがって、「家庭の味」は、他の何者でもない「私たち家族」、私にとって特別な家族というものについて語りたいときに有効なトピックとなります。

もちろん、各家庭においては、食事や料理以外にも日々いろいろなことが行なわれています。

たとえば、掃除や洗濯も家庭内で日常的に行なわれているものです。けれども、それらは機械任せになっており、家族の個性やオリジナリティをつくり出しにくいものとなっています。また、機械化されているがゆえに、多くの人びとはそれらの行為や経験に対してあまり重要な意味を与えていません。つまり、語るほどのものではないと見なされるのです。

それでは、子育てや介護といったトピックはどうでしょう。個々の家族はそれぞれのやり方で子育て、介護をしていますから、当然それらをもとに家族特有の物語が生まれます。私たちは、そうした「私たち家族」を表現する物語を自分でも語ったことがあるでしょうし、他人からも聞いたことがあるでしょう。家族の個性を語るトピックとしては、「家庭の味」の語りに勝るとも劣るとも言えません。けれども、シンボル性という点、つまり何かを表象するものとしてのインパクトの強さという点から見るとどうでしょう。圧倒的に「家庭の味」のほうが優勢と言えると思います。ちまたに「家庭の味」をうたう商品がいろいろ出回っていることが示唆するように、「家庭の味」は、そう聞いただけで何かがぱっと思い浮かぶくらいに、シンボル性が高いのです。

シンボルとしての笹団子

民俗学者の矢野敬一氏は、「家庭の味」をうたって販売されている、新潟県のふるさと名産「笹団子」について論じています。商品としての笹団子は、もちろん業者が大量生産しているもので、特定の家族だけのために作られたものではありません。その意味では「家庭の味」とは対極のもののように見えるのですが、地元の人びとにおいては、特別でユニークな「私たち家族」の証を提供するものとして受け入れられているようなのです。

売られている笹団子には、昔からこの地域では春になると家族総出でヨモギの新芽を摘んで笹団子を作って端午の節句を祝ったとか、昔はどこの家でも姑と嫁が仲むつまじく笹団子を作っていたとか、笹団子と家族の伝統的な結びつきについて解説するコメントが添えられています。しかし、実際には、戦前の農家ではそのような農繁期に笹団子を作る余裕などほとんどなかったそうです。市販品が出回るのも戦後になってからです。笹団子自体は戦前にも存在したということですから確かに手作りしている農家もあったのでしょうけれども、それがどこの家庭でもお馴染みの風物詩となったのは比較的新しい話だというのです。

これについて矢野氏は、戦後、愛情や一体感（絆）を強調する家族観が浸透し、そうした家庭をつくり維持する役割を担う「主婦」が登場したことに注目しています。農業技術の進展によって農家の人びとの時間的・肉体的な負担が減り、農家でも家庭のメンテナンスに努める主婦業が行なえる余裕が生まれました。主婦たちは、節句などの年中行事を、一家団らんの機会として積極的に活用します。笹団子は、そうした「私たち家族」というものを実践するための道具として意味をもつようになったのでした。それは、商品としての笹団子が「家庭の味」をうたう時期と重なります。

矢野氏が新潟県の農村の小学校で行なった調査（一九九六年）によれば、菖蒲（端午）の節句の時期に笹団子を食べたという家庭は九割近くに上ったということです。さらに、笹団子を都市部に移住した親族に発送したというケースも多く見られ、発送用には、手作りのものより市販品が多い傾向があるということです。一緒に住んでいる家族だけでなく、ふるさとを離れた身内の者にも笹団子を送って食べてもらうことで、地理的な距離を超えて「私たち家族」の一体性を確認しあっていることが示唆されます（矢野　二〇〇七）。

こうした事例からは、「家庭の味」と言いながらも、人びとにとって、どんな味であるかや、どのように作られたかは、あまり問題ではないということがうかがえます。「最初に言葉ありき」というか、私たちは「家庭の味」と言った途端に、中身がどうであれ、「私たち家族」を思い出すのです。まさにシンボルなのです。

思い出としての味

では、どんなふうに家族を思い出すのでしょうか。新聞のエッセイ欄に、ノンフィクションライターの稲泉連氏が「家庭の味」について書いていたものを見てみましょう。祖父が得意げに作るビーフシチューの思い出が綴られています。

祖父はそれを何故か「ボルシチ」と呼んでおり、「おい、連、明日はボルシチだぞ」と前日に言った。（中略）製薬会社で長く研究職に就いていた彼の料理の仕方はどこか実験風で、コトコトと音を立てる鍋を覗いたり、スプーンで味見をしたりするその姿に、白衣でも着せたら、とても似合うんじゃないかと家族で話したものだ。私は祖父の作るその「ボルシチ」が好きだった。細切りのたっぷりした牛肉に、大きめに切られたニンジンとジャガイモが必ず入っている。炊きたてのご飯にかけて食べると、とりわけ冬の季節は幸福な気持ちになることができた。それは間違いなく懐かしい家庭の味として、いまも舌に記憶として残っている。

（日本経済新聞夕刊、二〇一六年一一月三〇日）

孫をはじめとする家族のために張り切って「ボルシチ」を作る祖父。その祖父を頼もしく、また、ほほえましく見ていた家族。「ボルシチ」を食べながら幸せに過ごした時間。「あの頃の、幸せな私たち家族」が懐かしく思い出されています。

今度は、料理を作る側の立場からの語りとして、新聞の読者投稿欄に載っていた主婦の文章を見てみましょう。

魚料理は肉料理と比べて調理に手間がかかる。肉ならパックから出して炒めるだけですむが、魚はさばいてから煮たり焼いたりするので時間がかかる。それでも、私は息子たちが幼い頃から魚料理を食卓に並べてきた。なぜ魚料理にこだわるのか。進学や就職で我が家を離れたら、ふたりとも肉中心の食生活になるだろうから、今のうちに魚料理をたくさん食べさせておきたいのだ。外食であまり食べない魚料理は、息子らにとって「家庭の味」となるだろう。私が子どもの頃、ドジョウ汁などをしぶしぶ食べていたが、今では懐かしく思う。これに引けをとらないほどのインパクトで、息子たちの記憶に残る魚料理を研究中である。

（朝日新聞朝刊、二〇一三年一一月二九日）

よそではあまり食べない「家族ならでは」の食事としての魚料理。息子たちのために手間をかけて魚料理を用意する母親の愛情。そして、いつも魚料理が並ぶという食卓の思い出をつくることによって強化される家族の絆。この主婦は、息子たちが大人になってから「あの頃の、幸せな私たち家族」を語ることができるよう、「よき思い出」づくりに励んでいます。

作ってもらう立場、作る立場、いずれにせよ、「家庭の味」というシンボルに表象される「私たち家族」が、後からふり返って呼び起こされる「よき思い出」とされていることには注目すべきです。「よき思い出」からは、郷愁やセンチメンタルな気分が引き出されます。帰りたいけど帰れない「あの頃の、幸せな私たち家族」。それでも、心の奥底に思い出として残っている。人生にはいろいろ大変なこともあるけれど、それがあるから私は生きていける――「家庭の味」

は、心の支えみたいなものとして必要とされているのかもしれません。

とすれば、外食・中食ばかりを子どもに食べさせているからといって、「家庭の味」を子どもに経験させられないというわけではなさそうです。外で食べたり買ってきたりした料理でも、「幸せな私たち家族」の思い出さえ語れれば「家庭の味」になりうるのです。たとえば、毎年、菖蒲の節句に、老舗の店で買ってきた笹団子を家族みんなで食べるのを家族行事にしてもいいでしょう。あるいは、外食が多くても「うちは親が忙しくて、しょっちゅう外食だったなあ」と言いながらそのときの家族の談笑の場面を思い浮かべることができればいいでしょう。

そう、「家庭の味」とは、後から語られるもの、もっと言えば、失ってから初めて気づくものなのです。

第3章　家族ルール——民主的な家族

二〇一三年一〇月五日付けの朝日新聞朝刊の「声」欄に、一一歳の読者からの次のような投稿が載っていました。

公平なルールで家族円満に

ぼくには、姉、妹がいて、三人きょうだいです。昔はよく、今日は誰がテレビを見るか、などということでよくケンカになりました。そこで、みんなで考えたのが割当表です。カレンダーに、きょうだい三人の頭文字を順番に書き込んで、今日は誰がテレビ番組を決めることができるかを決めています。ちなみに、割り当てをやぶると、ばっそくとして、おふろそうじを一日多くしなければいけません。

最初のころは、ルールを変えようとしたりして、ケンカに発展して大変だったのですが、今は少し落ち着いて、これのおかげで楽しく生活しています。最近ではおふろそうじのルールを変えました。はなしあって決めていこうとしたら、いつのまにかケンカになってしまいました。そこで母が中立の立場で新しいルールを提案してくれたので、うまくまとまりました。話し合って、公平なルールを決めるのは、楽しくくらすのにとてもいいことだと思います。

公平なルールで家族円満に。この投稿者の意見に賛同する方は多いと思います。最近では、子どものゲームやスマホの取り扱い、あるいは勉強や手伝いなどの生活習慣について、親子でしっかり話し合ってルールを決めることが、学校や教育専門家によっても推奨されています。親子間だけでなく、投稿者のようにきょうだい間、あるいは家族全体で、全員が納得できる公平で中立的なルールをつくることは「家族円満」のための条件として、理想的なこと、あるいは規範になってきていると思われます。

私自身もそうした考えに異論はないのですが、自分が子どもだったときを思い起こすと、家族内で話し合ってルールを決めるということはほとんどありませんでした。それでも家族は、「円満」とまではいかなくとも、まあなんとかやっていました。いや、実際には抑圧や支配、妥協、葛藤などがあっても目をつぶってきたと言うべきなのでしょう。きょうだい間での物の貸し借り、家でテレビを見てよい時間、ペットの世話など、話し合ってルールを決めるということもなく、なんとなく決まったことに従うだけでした。不服だけど仕方ない、と思うことも多々あったように思います。けれども、交渉して互いに納得のいくルールをつくろうという発想は、私にはなかったし、おそらく家族の他の者にもなかったと思います。

契約、それとも以心伝心？

考えてみると、公平で中立的なルールを決めるというのは、「契約」という考えにつながってくるような話です。契約というと、雇用、保険、ローンといったお金の絡む契約が思い浮かび、なんとなく冷たい、よそよそしいといった印象があります。実際、契約は、情緒的・感情的なものを排除し、あくまでも冷静に、合理的・機械的・客観的に、それぞれの主張に折り合いをつけたものだと言えます。そのため、少なくとも私が子どもの頃の家族は、契約という言葉は売り主と買い主のような関係においては使えても、家族のような親密な関係にはあまり馴染まないと感じていたのかもしれません。つまり、契約は、「公」の領域ではふさわしくても、家族のように、かけがえのない特定の人との親密な関係からなる「私」の領域ではふさわしくない、というイメージがあったのではないかと思うのです。

そのようなイメージは、当時のわが家だけでなく他の家族にもあったと思います。また、今日の人びとにも少なからずあるのではないでしょうか。たとえば、学校や幼稚園、あるいは企業、地域社会などが、イベントに参加した子どもたちの写真をインターネットなどに掲載することについては、近年では個人情報保護という点から、（子どもの代理としての）保護者の同意書を取ること（＝契約）が一般的になっています。一方で、親が自分の子どもの写真を掲載する場合に、子どもとの間でそうした手続きを踏んでいることはほとんどないでしょう。もし、家族内で同意書や契約などと言い出せば、「何をあらたまってそんなことを。水くさい」と言われるに違いありません。

この点に関連して、アメリカの社会学者H・ガーフィンケルが、学生たちに行なわせた実験があります。その実験とは、学生たちがそれぞれの自宅で他の家族成員（親など）に対し、まるで他人のように振る舞ったとき、かれらがどのような反応を示すかを観察するというものです。たとえば、ふだんはなれなれしく接している家族成員に対し、丁寧すぎる言葉遣いやよそよそしい気遣いを何の断りもなくやってみるのです。「ちょっとお菓子をいただいてもよろしいでしょうか」などと、他人行儀な振る舞いを徹底して（しっこく）行なうのです。こうした実験の結果、親たちは突然そのような態度を示されて驚きや不安や苛立ちを顕わにし、しまいには怒り出した人もいたということです。つまり、学生たちが家族の外でやっているような振る舞いを家庭内ですることは、不適切として非難されたのでした。他人との相互行為についての常識は、家族成員間には通用しないということ、つまり、家族の外と内ははっきり違うものとして認識されているということが示されたのです。

この実験が行なわれたのは一九六〇年代のアメリカですが、私が子ども時分の日本、あるいは今の日本で実験しても、同じような結果が得られるのではないでしょうか。

では、契約が家族に馴染まないと思う人にとって、家族のような私的領域では、どのような相互行為のあり方が理想的なのでしょうか。思いつくのは、「暗黙の了解」とか「以心伝心」です。人びとが「契約」を家族の中に持ち込みたがらないのは、それが、自己の利害関心や権利を主張し合う「思いやりのないエゴイスト」としての「あかの他人」どうしの関係を連想させるからだと思われます。一方、家族においては、個々の成員は一心同体でいつも意見が一致し、葛藤や対立などないのが当然だという考えがあります。心が一致しているから、黙っていても分かり合えるというわけです。利害がぶつかること自体が想定されておらず、よって、契約など必要ないという考えになるのです。

家族内の民主主義

しかし、家族一心同体を強調することには、家族内の不平等を容認してしまうという落とし穴があることを忘れてはいけません。家族内で葛藤や対立がないことが当然視されればされるほど、力の強い者、声の大きい者の意見に、あるいは多数派の意見に、弱い者や少数派の者は黙って従うしかないという状況をつくりだしてしまうのです。

これはとくに、親に見離されたら生きていけない立場にある子どもにとっては、深刻な問題となります。というのは、親の意思があたかも親子あるいは家族全体の合意として押し通されがちになるからです。親による独裁が生じると言ってもよいでしょう。

そう考えると、契約というものが存在する公的領域は、より民主的なところです。契約は、自分自身の利益や自由を追求する他人どうしが、エゴをぶつけ合うだけでなく、互いの得られる利益や自由をできるだけ多くすることを目的にしています。つまり、自分の利益や自由だけでなく相手方のそれらも大事にしているのです。

冒頭の投稿文に戻りましょう。公平で中立的な家族ルールをつくることが重要だというこの子どもの意見に、多くの人びとが賛同の気持ちをいだくのであれば、今日では、家族も民主的であるべきという考えが浸透してきていると言えるのではないでしょうか。投稿者が子どもである点にも注目したいと思います。「家族はもっと民主的であるべき」という主張が、家族内の力関係でいうと弱者の立場にある「子ども」から発せられていることによって、主張はより説得力を増し、人びとの心に強く訴えかけるものになっています。

とはいえ、そうは言っても、やはり以心伝心の家族のほうがいいと思う人は多いかもしれません。家族でルールとか言い出すと、家族の特別性がなくなるみたいでさみしいという気持ちも分かります。ルールや契約を持ち出さず、「暗黙の了解」のままで民主的な家族を実現できればよいのですが…。

暗黙の了解が問題だったのは、家族内で力のある者が自己の意見や都合を全員の合意として押し通すからでした。ならば、力のある者が自己の利益を追求せず、あくまでも弱者の利益を追求することで、つまり利己主義をやめて利他主義になることを暗黙の了解にしてしまえばよいのではないでしょうか。しかし、それもまた、力のある者が「今日からは、利他主義を暗黙のルールにする」と言って現状を変えなければ、つまり自らの意思を押し通さなければ、実現しないのです。いやはや、困りました。

第4章 子どもの病気――ケア提供者のケアも

子どもが生まれ、子育てに取り組み始めた頃、戸惑ったことの一つは、子どもというのは――乳幼児はとくに――病気になりやすいということです。それも急病が多く、朝、元気な子どもを保育園に預けて仕事に行っても、昼頃になって急に熱を出し、保育園から「迎えに来てください」と電話がかかってくることが何度もありました。インフルエンザをはじめ、手足口病やプール熱など、感染する病気にもよく罹《かか》り、当分の間、保育園で子どもを預かってもらえなくなることもよくありました。

まだ免疫が十分についていない子どもですから、病気になりやすいのは当然のことです。けれども、子どもを保育園に預けて仕事することを前提に毎日の予定を立てている私は、子どもが頻繁に病気になるのには、本当にまいってしまいました。しかも、なぜか私に大切な予定があるときに限って（と思えて仕方なかったのですが）、子どもは体調不良になる傾向がありました。そんなときは、トランプの「ばば抜き」で最後にジョーカーを引いたときみたいに愕然としたものです。

番狂わせの子どもの急病で、仕事を休んで家で子どもを看ることになったときは、私のほうも心身を消耗しました。まず、仕事の予定をキャンセルし、それに伴って迷惑をかける人たちにお詫びし、今後の予定を立て直します。それが済むと、子どもを小児科のクリニックに連れて行きます。インフルエンザの流行期などはクリニックでの待ち時間はとても長く、行くだけで半日仕事になり疲れます。何よりも、元気のない子どもの姿を見ているだけで、気持ちが落ち込んできます。なかなか熱が下がらなかったり咳が止まらなかったりすると、子どもの背中をさすりながらこちらもオロオロしてしまいます。子どもが嘔吐や下痢をすれば、その後片づけも大変です。そうこうしているうちに、自分自身の心身もすっかり弱ってしまい元気をなくしてしまうのでした。しばしば、子どもと同じように具合が悪くなってしまうこともありました。

ケア提供者の孤独

このような看護疲れは、親（保護者）になればだれもが多かれ少なかれ経験することでしょう。しかし、朝から夕方遅くまで保育園に子どもを預けて自分の仕事に専念できるというマイペースの生活を当然と考えていた私にとっては、子どもの病気に自分が振り回されることのストレスが大変辛かったのでした。子どもが元気なときの私は、いわば、子育ては妻任せという従来の性別役割規範に基づく「父親」に近い、「母親」でした（依存先は保育園でしたが）。だから私は、子どもが病気になったときに初めて（と言ってもよいでしょう）その世話の分担をどこにも頼れず、しかも平常時より質的にも量的にもボリュームアップしたケアが要求される状況に直面したのです。そして、その重責を果たすのに一所懸命になるうちに、いつもは感じたことのない孤独や不自由さを覚え、疲れ切ってしまうのでした。

けれども、これまで多くの母親たちは——今もなおその傾向は根強いのですが——子どものケアの責任を一手に引き受け、自分より子どものケアを優先させることを「当たり前のこと」として受け入れてきたのでした。というよりむしろ、そうさせられてきたと言うべきでしょう。子どもが小さいうちは保育園などに子どもを預けず母親がずっとそばにいるべきだという、いわゆる「三歳児神話」などはその典型例です。子どものための自己犠牲は母親一人が強いられ、しかもそれを母性本能だとか、母としての喜びとして受け入れさせられてきたのでした。

このように母親にケアの責任が一極集中する傾向は、子どもに慢性の病気や障がいがある場合にはさらに苛酷です。家族社会学者の春日キスヨ氏は、障がい児の母親たちが「頑張らなきゃいけんよね」と言った後で「でも頑張りとうない。と、言ったらいけんよね」と言うところに注目しています。子どものケアのために毎日孤軍奮闘しているなかで、母親たちはもっとがんばらねばと思っています。けれども、本当は、もう疲れていてがんばれないのです。それなのに、がんばりたくないとは言えない雰囲気があります。こうして母親はますます孤立を深めていきます。

重症身心障がい児の母親は、その子を他人に預けてボランティア活動に参加していると、活動の仲間から「〝Sさんは他人に自分の子どもを預けて、自分の好きなことをしたいのか〟〝勝手なことをしたいのか〟〝どうして自分の子どもについてあげて、面倒みたり何やかやして、一緒にいてあげないのか〟」と言われ、「せつなくなって、〝ああ、この人らとも動けんわぁ〟と」なってしまったということです（春日　一九九二）。

他者をケアする負担と責任を負っていない者は、自分一人分の福祉を十分追求できる。また、子どものように自力で自分一人分の福祉を実現するのが難しい者でも、だれかにケアされ助けられるなら、自分一人分の権利や福祉はまもられることになる。しかし、他者にケアを提供する者には、自分とその他者の両方の福祉のための負担と責任がのしかかり、もし彼女（彼）が自分の権利と利益を犠牲にしてまでその他者への責任を果たそうとするなら、彼女（彼）自身が得られる福祉は一人分にも満たないのである――このような不公平問題を取り上げ、ケア提供者も、だれかからケアされなければならないと訴えたのは、アメリカの哲学者E・F・キテイでした（Kittay 1999=2010）。私や上記の障がい児の母親が経験した孤独や辛さとは、まさにケア提供者の置かれたこうした状況ゆえに生じていたものと思われます。

母親へのケア

とはいえ私の場合は、子どもの病気が治れば終わる一時的な辛さでした。それでさえ実際には、家族や友人のおかげで早々に解決されたことを強調しておかなくてはなりません。ありがたいことに、かれらは、家で一人子どもを看病する私のために買い物をしてくれたり、話を聞いてくれたりして、私を元気づけ助けてくれたのです。ですから、大変なストレスを感じて辛かったとは述べましたが、正直に言って、「一時的な」孤独や辛さだったと言うほうが正しいのです。とはいえ、たとえ短期間の孤独や辛さであっても、だれかからケアされるということが、どの人にとっても大切な権利であることを、あらためて理解する貴重なきっかけとなりました。

何よりも、ケアされると元気になり、だれかをケアするための力が養われるのだということを強く実感しました。そうなのです、自分が弱っていると他者のケアなどできなくなってしまうのです。以前、飛行機に乗ったときに見た、非常時の注意事項についての説明ビデオを思い出します。そこでは、子どもづれの母親が、まず自分が酸素マスクを装着し、その後で子どもに酸素マスクを着けてやる姿が映っていました。初めてそれを見たとき（そのときの私は、まだ母親にはなっていませんでした）、私は、その母親が子どもより自分の安全を優先しているように見えて「なんという、ひどい母親！　子どものことが大事なら、先に子どもを助けるものだ！」と驚いたのですが、今や見方が変わりました。社会はそうやって母親に自己犠牲的に他者（子ども）をケアするよう強いてきたのです。しかし本当は、母親自身がケアされることで彼女が弱った状態を克服することができれば、子どもの安全はもっとまもられるのです。

仕事はケアより重要？

近年では病児保育やレスパイトケア（介護者の休息のために要介護者のケアを代行する支援）といったサービスも発展してきており、病気の子どもをかかえる母親が一人でケアの重責を担わなければならないという問題は、改善しつつあるように見えます。しかし、病気の子どもの預け先をつくりさえすれば解決するという話ではありません。

じつは、私が子どもの看護でストレスを経験していた頃にもすでに、病児保育のサービスは存在していましたが、私はそれを結局一度も利用しませんでした。そのサービスを利用するためには事前登録が必要なのに、日々の忙しさにかまけてそれができていなかったということも理由の一つですが、それ以上に、私には「何が何でも休めない仕事」というものがなく、そうしたサービスを利用してまで仕事をすべきだと思うときがなかったというのが大きな理由です。そんなことを言ったら、「仕事をなめているのか」と怒られるのかもしれませんね。でも、私には、病気の子どものケアより今この瞬間の仕事のほうが重要だという言い分は、あやしいと思われるのです。それこそ、ケア労働より有給の労働のほうが偉いという男性中心主義の論理ではないでしょうか。

確かに、どうしても「今」「私が」この仕事をしておきたかったという申し訳なさ、残念さ、あるいは口惜しさを感じることはよくあります。けれども後でふり返ると、いつもどうにかなってきたのです。「今」でなくても、「私」でなくても、たいして大きな問題にはなっていないのです。仕事とは——ケアとは違って——そのぐらいのものだったのです。

私がそんなふうに感じられたのは、まわりの人びとがよく理解してくれて、私が子どものケアに十分エネルギーを注げるよう、温かく支えてくれたからだと思います。もっとも、子どもの病気が一時的で、仕事を休むと言っても数日のことだと分かっていたから、また、私の仕事が——私が思っているよりは——たいして緊急性をもっていなかったからというのも事実でしょう。けれども、たとえそうでなくても、だれかのケアにたずさわる人すべてが、孤立せず、「あなたが他者のケアに一所懸命になるのを応援しています」とまわりの人に支えられることは、とても重要だと思います。というより、本当はそうあるべきだと考えます。

第5章 家族旅行——家族という物語

ゴールデンウィークや盆休みなどの大型連休になると、テレビや新聞ではいつも、家族旅行に出かける家族の話題がピックアップされます。好きなときに有給休暇を取るのが容易ではない日本では、決まった休日に一斉に休むしかありませんから、この機会に旅行する家族で、空港、新幹線、高速道路は大混雑となります。とくに、小さな子どもづれであればそれに加えて、紙おむつや着替えなど荷物も増えるわ、迷子になったり急に体調を壊したり予測不可能なことが多いわで、親にとっては大変なことだらけです。それなのに、旅行している家族はとても楽しそうです。

家族旅行の人気は安定しています。二〇一四年に日本観光振興協会が行なった調査では、国内宿泊旅行の同行者で最も多かったのは「家族」（五五・二％）で、二位の「友人・知人」（二三・五％）を大きく上回りました（日本観光振興協会編　二〇一六）。海外旅行については、ＪＴＢ総合研究所によれば、近年は一人での旅行が増加傾向にあるということですが、それでも二〇一五年の調査結果では、家族（「夫婦のみ」「家族・親族」という回答の合計）が同行者であったという割合は四三・一％と、「ひとり」（二三・六％）、「友人・知人」（一九・三％）よりも大きかったのでした

（JTB広報室　二〇一六）。

一体、家族旅行のどこがそんなに魅力的なのでしょう。ある女性（夫と二人の小学生の子どもと暮らしている）が以前、家族で行くキャンプについてこう語ってくれました。

四人で…なんかこんなこと言うとバカっぽいよね…キャンプに行ったときに、家族っていいなーって。キャンプが楽しくて。楽しいっていうか、みんなでなんかこう、家族でお出かけをするのが楽しくて。テントで子ども二人寝て、夜、主人と二人で、まあ何でもない話をペラペラ話してるときに、ああいいなと思って。バカっぽいね。

子どもたちが寝た後に、夫婦が何でもない話をして過ごすというシチュエーションぐらい、ふだんの生活の中にもあるはずです。本人も「バカっぽいね」と言っていますが、なぜこんなに普通のことに感動するのでしょう。

「家族」を取り戻す

じつは、ここに家族旅行の魅力の秘密があります。旅行という非日常的な行為は、日常生活の中に埋もれた「家族」というものをはっきり浮かび上がらせ再認識するのに効果的なのです。

家族生活は、毎日続くものであるがゆえに、その大部分がルーティン化されています。むしろ、家族の意義や目的はそのルーティンをこなすことであると言ってもいいほどに、家族は日々、決まりきった仕事やパターンの遂行に追われています。けれども、そのおかげで私たちは、いちいちつまずいたり、議論したり、葛藤したりせずに済み、スムーズな家族生活を送ることができているのです。それが日常というものです。

しかし、そのようなルーティン化された生活にどっぷり浸かってしまうと、毎日が機械的でおもしろみがなく、退屈に感じられてきます。家族のありがたみが感じられないというか、「家族って、こんなのでいいの？」「何のための家族？」という問いが生じてくるのです。とりわけ、家族というものを「幸せ」や「生きがい」のように、意義あるもの、価値あるものに位置づける傾向のある現代社会では、そうした問いが出てくると、いてもたってもいられなくなります。そこで、人びとは家族旅行という非日常のイベントを通して、見失いかけている「家族」を、あるいは日常の中にかすんでしまった「私の、価値ある家族」を取り戻そうとするのでしょう。

一方、個人の自由や多様性を尊重すべきだという声がますます高まっている今日では、家族の都合と個人の予定がぶつかったなら個人の予定のほうを優先するのが自然と考える人も多くなっています。家族のメンバーそれぞれのスケジュールが異なるために、夕食の時間や休日の過ごし方がバラバラであることは、今や少しも珍しくありません。そうした個人中心の生活が日常化するなかで、人びとは、ふと「たまには家族揃って一家団らんもいいかな」と思うのかもしれません。家族旅行は、そうしたニーズに応えるものとしても注目されていると言ってよいでしょう。いつも通りの家族生活は、日常においてであればあえて見ることもなくただ流れていくだけなのに、住み慣れた家ではなく旅行先――前述の女性の場合は、満天の星の下――で行なわれる家族生活は、いきいきと色鮮やかで、幸せな「家族」を実感するのにもってこいです。食事や買い物、ぶらぶら歩くといった行為も、特別なものになるのです。これこそ、家族旅行の効用でしょう。

さらに、非日常の場面で発見され確認された「家族」は、旅が終わり日常の世界にまた戻っても、思い出として家族の一人ひとりの記憶に残ります。旅先で撮った写真やお土産に買って帰ったもの、旅日記（SNS投稿も）といったものは、そうした思い出をいつでも呼び起こす道具となるでしょう。思い出は何度もよみがえります。そのたびに、人びとは「家族」を再確認することができます。

そして、その思い出を家族だけが共有しているという事実は、家族のメンバーシップを強めます。また、家族で「あのとき、お父さんが、わんこそば食べすぎて動けなくなったのは、おかしかったよね」「一緒にいると思っていたのに、お兄ちゃんがいなくなっていて、大騒ぎになったね」などと過去の旅行の思い出話で盛り上がることもあるでしょう。そうしたとき、かれらのもとには「家族」が再び立ち現れます。このように、家族旅行の効果は旅行後も続くのです。

したがって、家族旅行には、「家族」の顕在化に加えて、そのとき顕わになった「家族」を大切に残していく働きもあると言えます。

イニシエーションとしての旅

「家族」を顕在化させ保存するうえでとくに効果を発揮するのが、イニシエーション（通過儀礼）としての家族旅行です。イニシエーションとは、七五三や成人式のように、人生の節目で実施される儀式のことです。

家族療法の専門家であり漫画家でもある団士郎氏は、いつの間にか子どもが成人し、親としての仕事が終わっていくのを黙って見過ごすことに抵抗を感じ、子どもがそれぞれ二〇歳になれば父子で旅に出るという儀式を定めたと言います（団　二〇〇五）。そこには、家族の節目――つまり、子どもが巣立っていき、これまでの家族が終わりを迎える段階――として、（おそらく）最後に「家族」を思う存分確認し合いたいというねらいがあったのでしょう。実際、団氏がそれらの旅について描いたマンガ・エッセイでは、たとえば、成人になった息子と旅先でゆっくりお茶を飲みながら「こんなことは二度とないだろうと思う」と、日常ではほとんど経験されなかった親子での出来事が描かれており、旅行を通して父親が「家族」ないしは「親子」をしみじみと味わっている様子が伝わってきます。

一方でまた、そうした体験の記憶・思い出をもつことによってこの親子は、「私たちは楽しい家族だった」といったように、自分たち家族はこうだという、言うなれば「家族の物語」を大切に残していくのでしょう。家族旅行のマンガ・エッセイ自体、かれらの家族物語を記録し保存するのに役立っています。これまでの家族の終わりという節目に、そうした物語が残されることによって、家族は新たなステージ（段階）に移行しても、家族としてこれからも続いていくことができるのです。

じつは私も、わが子が成人になったら、そうした区切りの旅を一緒にしたいと思っています。具体的にはまだ何も決めていませんが、乳幼児だったわが子を連れて、調査のために何度か訪れたフィンランドにもう一度行ってみたいなあと思っています。きっと、当時の、仕事のことばかり気にして子どもと向き合う時間をあまり大事にしていなかった自分をふり返る、反省の旅にな

1
子どもが小さいと
毎日いろいろあるものだ。
2
中学、高校の頃 何が
あったたろうと ふりかえっても
あやふやだ。
ところが大きくなるにしたがって その姿は
ぼんやりしてくる。
5
あっという間に 時は
過ぎて 大学生の長男が
誕生日がきたら二十才だという。
8
JTB
そうだ！
二人で旅をしてみよう。
一日中 息子と
一緒なんて もう
何年もないことだ…

「父子旅(1)イニシエーション」（団　二〇〇五）より
（団氏の漫画作品『家族の練習問題』（1～7巻）は，ホンブロックから発刊されています。）

るのでしょうけれど。

家族の旅は続く

ここまで述べてきた家族旅行の意義や魅力は、すべて大人の視点に基づいていると言ってよいでしょう。家族旅行に行くと決め、計画・実行するのはたいてい大人ですから、当然と言えば当然です。では、子どもにとっての家族旅行とはどういうものなのでしょう。

最近では「旅育」という言葉も登場しているように、家族旅行を通して子どもが何かを学び、成長するという点も注目されています。親だけでなく子どもも一緒に旅行を計画したり旅先について調べたりすることで子どもの主体性や自立が育まれるとか、異なる文化と出合うことで子どもの視野が広がるとか、家族旅行は子どもの育ちにとってプラスになるということが強調されています。

しかし、それもまた大人の視点と言うべきでしょう。大型連休の最終日のテレビのニュースではよく、家族旅行に行ってきたという子どもの声が集められます。それを見ていると、ほとんどの子どもは「楽しかったー！」の一言で終わりです。何が楽しかったのかについての説明もありません。「家族っていいなと思った」とか「こういう学びができた」といった感想も聞かれません。子どもだからシンプルな答えしかできないとはいえ、こうした子どもの声を聞くと、やはり家族旅行とは大人のためのものではないかと考えさせられてしまいます。

わが子を見ていても、そうです。家族旅行から帰って書いた日記では、いつも〝自分が〟何を見た、何をしたといった話ばかりで、一緒に行った家族は登場しません。旅行中にデジタルカメラを持たせても、自分が見たものや気に入った風景ばかり撮っていて（しかも、現地の特徴を示すものを撮るでもなく）、家族を写してくれることはほとんどありません。好奇心旺盛なのは喜ばしいけれど、わが子にとってはだれと旅行に行ったかということは二の次なのかと思うと、親としては少しさみしい気もします。

だからといって、家族旅行が、子どもに何の意味ももたらさないわけではありません。かれらは、大人になってからその旅行をふり返り、「家族」を感じることでしょう。そして、連れて行ってくれた親に感謝し、今度は自分から、親と一緒に行く旅行を計画するかもしれません。

家族という物語は、長い旅の物語なのです。

第6章　母子家庭——親の「愛」のかたち

地元で、年齢も職業もさまざまな女性たち数人と、シングルのお母さんやその子どもが生きやすい社会を目指して活動しています。結婚している／していないに関係なく、女性たちがもっと自由にいきいきと暮らせるようになればいい、そうなれば彼女らの子どもも幸せだ、という思いが一致した女性たちが集まり、活動を開始しました。

こう書くと立派なことをやっているようですが、活動と言っても、たまにシングルのお母さんたちと一緒につどって料理やデイキャンプなど楽しいことをしながら話をしたりするぐらいで、いわゆる「近所の世話焼きおばさん」として、手弁当でできる範囲のことをやっているだけです。それでも、活動（要するに、おしゃべり）によって、互いに元気づけられますし、また、シングルのお母さんたちの話から浮かび上がってきた課題を行政や福祉機関に伝え届けることにも、やりがいを感じています。もちろん、私にとっては、自分の家族研究に重要な示唆を与えてくれる貴重な機会でもあります。

さて、そうした活動の中で、あるとき、離婚して子ども（未就学児）づれでシングルになった女性たちが元夫について語り合っていました。いずれの元夫も、養育費を十分に支払っておらず、子どもにはほとんど関わっていないということでした。

Aさん　ばかの一つ覚えみたいに図鑑ばっか送ってくんのよね。図鑑、もう要らないよ。でも、それだけがうちの子どもにとったら、お父さんが送ってくれたっていうので。こういうもののほうがいいですってメール送るんだけど、ばかの一つ覚えで。

Bさん　腹立つよね、いい親父のふりだけしといてね。

Cさん　だから私は、逆に（子どもに）会わせたいんですよ。だって、二〇年ぐらい（私が一人で）育ててから、いい顔していい人面して、お父さんって現れても嫌だから。それだったらもう、今のうちから父親の役割を果たしてほしいんで。だから、（子どもの）発表会とかそんなんも、もう早く気持ちを切り替えて、いっぱいたくさん来て、出てみてほしいって思うんですよ。

これらのお母さんたちは、元夫が形だけの贈り物で父親としての役割を果たした気になったり、あるいは何もしていないことについて、本気で子どものことを思っていない、結局自分の体面のことしか考えていないと憤慨していました。彼女たちはそれぞれ、結婚していた頃は元夫の暴力や借金などに悩まされてきており、自分にとって元夫はもはやまったく他人であり顔も見たくない人だと断言しています。しかしその一方で、元夫は子どもにとっては今なお父親であり、その関係は切れないと言います。そして、元夫には、これからも父親として子どもと関わり続ける責任があると主張します。あるシングルのお母さんは、「父親として子どもたちを忘れることは絶対許しません」と明言していました。また、養育費についても、たとえ少ない額であったとしても、子どもの権利を考えれば元夫は何としても支払うべきだと考えていました。元夫がその責任を果たすためには、彼女たち自身も元夫とある程度は関わらざるをえないところもあるのですが、それは子どものためには致し方ないとされるのです。自分自身の感情や事情とは切り離して子どもにとっての最善を考えるシングルのお母さんたちに、母親としての責任意識の強さを感じ、すっかり脱帽しました。

『Dear フランキー』

そこで私が思い出したのは、『Dear フランキー』という映画（イギリス、二〇〇四年）です。シングルのお母さんと息子の物語です。リジーという女性は、九歳の息子フランキーと母と三人で暮らしています。リジーの夫は家庭内暴力がひどく、フランキーはそのせいで耳が聞こえなくなりました。ただ、フランキーは父親についての記憶がなく、そんな理由で父親と離ればなれになっているとは思っていません。リジーは、事実をそのまま伝えて息子を失望させたり傷つけた

映画『Dearフランキー』
ショーナ・オーバック(監督)

(ハピネットよりDVD好評発売中)

りしたくないために、父親は船で世界中を航海していると嘘をつき、航海中の父親になりすましてフランキーと手紙のやり取りを続けてきました。ところがある日、偶然にも、父親が乗っているはずの船が自分たちの住む町の港に立ち寄ることが明らかになります。いよいよ父親に会えると大喜びのフランキーですが、リジーは焦ります。そこで彼女が決めたのは、本当のことを打ち明けるのではなく、一日だけ偽物の父親を雇って、フランキーの願い通り父子の対面を実現することでした。

リジーの嘘が、よいか悪いか、その評価は難しいところです。ただ、フランキーのことを思うがゆえの優しい嘘であるのは明らかです。理想的な父親像を、嘘をついてでも大事にし続けたいリジーと、私が実際にお会いした、形やイメージだけの父親ではなく実際に子どものために生きるお父さんになってほしいと言っていたシングルのお母さんたちとは全然違うように見えます。しかし、どちらのお母さんの言動も、「子どものために!」という必死な思いから生じている点は共通しています。そう考えるとあらためて、シングルのお母さんはどうしてこんなにも子どものために一所懸命になれるのだろうと思います。彼女たちは、子どものための正義の味方、ヒーローです。

もちろん、シングルでないお母さんも、つねに子どものためを考えて生きている方がほとんどですし、シングルのお母さんが育児放棄して子どもが児童相談所などに保護されるというケースだって新聞等では見かけます。ですから一般化できないことは承知の上なのですが、シングルのお母さんにおいて子どもの利益のために一所懸命にがんばる姿がとくに際立つように感じることが多いのは事実です。

「普通の家族」のプレッシャー

なぜ、そうなのか。そこには、家族についての規範や社会に浸透したイメージの影響があるように思われます。あるシングルのお母さんが言っていました。

七五三の写真、撮りに行ったのですよ、子どもと二人で。そしたら、後ろの待っとった家族が、絵に描いたような〝お父さんとお母さんと子ども二人〟だった。うわ、悲しい、（私たちは、母子）二人で七五三の写真！

本人は笑いながら話しておられましたが、シングルで子どもを育てるという選択をしたことを後悔していないにしても、この社会にはびこっている「幸せな家族」のイメージと自分たちとのギャップをまったく無視して進むことはできない、ということを痛感させられるのでした。今日でさえ、家族とはこうあるべきだという規範は、自分たちの家族がこれでよいかふり返って確認する際のガイドラインとして有効なままなのです。

これについては、私自身も思い当たるところがあります。私は、結婚（婚姻届を出して成立する「法律婚」）をしておらず、子どもと二人で暮らしています。婚姻状況や世帯状況から、まわりからは母子家庭と見られています。けれども、当事者の認識としてはそうではない――私にはパートナーがいて、子どもには父親がいる――という、多くの人びとにとってはおそらく不思議な家族生活を送っています。思想や信条、その他諸々によりこういう家族ライフスタイルを選択しているのですが、それでもときどき自分たちが「ややこしい家族」をやっていることへの引け目というか遠慮というか、子どものためにはやはり「普通の家族」がよいのではないかと心が揺れることがあります。

自分がこういう生き方を選んだのだから、その結果については自分に責任がある。規範に従わない生き方を選んだなら孤立するリスクは大きくなり、その分自分が背負うべき責任も大きくなる。そういう覚悟の上で選択したはずでした。けれども、子どもは自分でこれを選択したわけではない。子どもは、私が選択した生き方に付き合わされているだけ。そして、責任まで負わされている…。そう思ったとき、急に自分が選択したことに自信がもてなくなってしまうのです。

シングルのお母さんたちも、自分の都合で子どもを振り回しているという負い目を感じているのかもしれません。今日、ひとり親はとくに珍しかったり恥ずかしかったりするものではなくなりつつありますが、それでも少数派であるのには変わりありません。社会はいまだにそれらの人びとには不都合にできており、したがって彼女たちにはさまざまな不利益が生じるのですが、それに対する責任は自分たちで何とかしなさいと言われるのです。父親がいないことを望ましくないと見なす偏見のまなざしに対しても、です。

子どもは見ている

『Dear フランキー』の話の続きをしますと、リジーはフランキーが何も知らないものとずっと思っていましたが、じつはフランキーは偽の父親であることを分かっていたのでした。にもかかわらず、それを伝えず、ましてやリジーを嘘つきと非難することもなく、偽の父親と本当の親子として一緒の時間を過ごし、そのことを心から喜んだのでした。きっとフランキーは、母親の優しさも分かっていたのだと思います。だから、偽の父親との「親子水入らず」のひとときを喜べたのだと思います。子どもの豊かな感受性や鋭い観察力を、大人は侮ってはいけません。

「子どものために」と日々たたかっているシングルのお母さんたちの姿を、子どもはしっかり見ています。そして、心強く思っていることでしょう。子どもは、そんなお母さんとの生活を恥じてはおらず、むしろ感謝して過ごしているのではないでしょうか。実際、子どものほうが、お母さんよりも堂々と自分の家族生活を受け入れているようにも思えます。

ただし、お母さんが苦労し悩んでいる姿も、子どもはよく見ています。フランキーも、そのために、お母さんに気をつかっていたのかもしれません。ですから、お母さんは、そんなに必死にたたかわなくてもいいのです。お母さんと子どもがつくる家族も、すばらしい家族です。問題は、家族の多様性が当たり前に理解され、受け入れられる社会がまだ実現していないことにあります。これは簡単に解決する話ではありませんが、私たちがやっているような活動からも少しずつ前に進めばと思っています。

Ⅱ　学校生活のなかで

第7章 学級という社会——ぶつからない子どもたち

私たち親子が気に入っている児童書（低学年向け）に、『こぶたのプーと青いはた』（カーラ・スティーブンズ作、童話館出版）という本があります。こぶたのプーは運動が苦手で、学校の体育の時間が大嫌いです。でんぐりがえしなど、友だちが簡単にやってのけるものさえプーはできなくて、自分が嫌になるのです。

ある日、体育の授業で「はたとりきょうそう」をすることになりました。赤組と青組に分かれ、相手組のメンバーに捕まらないように相手組の陣地にある旗を取ったら勝ちになるゲームです。赤組になったプーは、のろまな自分はどうせすぐに捕まってしまうと悟り、赤組の陣地から一歩も動かないことにしました。ところが、赤組の友だちがプーに青組陣地に向かって走るよう促します。おどおどするプーに友だちは、「へいきよ。だって、これはあそびなんだから」と励ましてくれました。勇気づけられたプーは思い切り走ることができ、結果として赤組が勝ったという話です。

わが子は、この「これはあそびなんだから」という言葉がとても好きでした。ちょうどこの本

『こぶたのプーと青いはた』
カーラ・スティーブンズ
童話館出版

に出合った頃、学級では体育の時間に大縄跳びをしていました。「連続一〇〇回、クリアするぞー！」というかけ声のもと、みんなでチャレンジしていたのですが、縄跳びが不得意なわが子はいつも縄に引っかかってしまい、自分のせいでカウントが途切れるのが嫌でたまらなかったそうです。だれも「きみのせいで台無しだ」とは言わなかったけれど、気まずい雰囲気になるのは分かったのです。

　そんなとき、「これはあそびなんだから」という言葉は、不器用な自分を不器用な自分のままで認めてくれ、受け入れてくれるメッセージとして、心に響いたのでしょう。プーもわが子も、みんなが勝利という目標に向かって一致団結するなかで、自分だけそれに貢献できないという悲しみと情けなさ、そしてそのために自分の居場所がなくなってしまうのではないかという不安に苦しんでいたのです。

　もちろん、団体競技というのは、みんなが真剣に勝負しないとおもしろくないものです。しかし、失敗したメンバーが居づらさや孤立を感じてしまうほどの雰囲気をつくってしまわずに、「あそびなんだから」と言える余裕がほしいものです。みんなの足を引っ張るメンバーについても、仲間外れにすることなく受け入れるのだということをしっかり確認しておいてほしいのです。

みんな仲良く一つになって？

このことは、日常の学級での集団生活についても言えます。集団には、ふだんからみんなが同じ一つの方向を向くことをメンバーたちに要求する、目に見えない圧力が存在しています。金子みすゞの詩のような「みんなちがって、みんないい」は、なかなか見られないのが現実です。場の空気を読んでそれに相応しい振る舞いをしなければいけなかったり、みんながAと言う中で一人だけBと言ってはいけなかったりします。さもなければ、その集団における居場所を失い、「ぼっち（一人ぼっち）」になってしまうのです。同調を強いるこうした圧力は、団体競技の場合は競技自体が終わればそれで収まりますが、日常の集団生活ではそういう区切りがないために持続するので、より深刻とも言えます。

小学校時代からそういう集団生活を送ってきたからなのか、この頃は大学生を見ていても、同調圧力に敏感な人が多いように感じます。演習のような少人数クラスでグループワークやディスカッションをしてもらおうとしても、なかなか口火を切る人は現れず、静かなままです。下手なことを話しかけて「浮いている」と思われたくないから、この場がどういう空気で成り立っているのかを、それぞれが慎重に探り合っているような様子です。

社会学者の菅野仁氏は、学校での集団生活に存在するこのような圧力が子どもたちを緊張や疲弊に追いやっていることについて、著書『友だち幻想』で論じています。そして、そもそも学校や学級が、気持ちや目標、考え方が同じであることに基づいた結びつき（菅野氏の言葉で言えば「フィーリング共有関係」）を核とした集団運営を行なってきていることを問題視しています。「みんな仲良く一つになって」という、よくある学級目標自体が問題の根源だというわけです。

菅野氏は、子どもたちが学校での集団生活においてもっと生きやすくなるためには、こうした同質的共同性への執着をやめることが重要だと説きます。集団の和を乱す異質な他者がいても、無理に集団に同調させて一つにまとめようとするのではなく、集団維持のための最小限のルールさえ守っていれば異質なままで集団にいることが認められるよう、「並存」を追求していくことが必要だと主張しています。そうすれば、集団内のすべての人が、同調圧力に悩んだり傷ついたりすることから解放され、集団がもっと居心地のよいものとなるとのことです（菅野　二〇〇八）。

第3章「家族ルール」でも触れましたが、家族や友人・仲間集団といった親密な関係からなる集団は、愛情や友情で結びついているものという考えが強くあるため、それらが最小限のルールを守ることでつながっていると言われると、違和感を覚える人も多いでしょう。愛情や友情に比べてルールという言葉には、どこかしら、よそよそしくて醒めたイメージがあるからです。けれども、情緒的なつながりを強調するあまり一心同体へのプレッシャーが増大し、「同じでなければ仲間とは見なさない」とマイノリティを脅し追い詰めてしまうおそれがあります。ですから、親密な関係からなる集団であってももう少しクールになるほうが確かにちょうどいいのかもしれません。みんなに合わさなかったり空気が読めなかったりする「あかの他人」のような人であっても、集団を壊さないための最小限のルールさえ守っていれば排除されないというのは、冷たいどころかだれもがほっとできる優しい集団なのではないでしょうか。

忍耐力と民主主義

子どもたちには、ぜひそうした集団運営の仕方があるということを伝えたいものです。この点で、私がフィンランド・タンペレ市で、子どものためのオンブズマンとして活動している女性から聞いた話が参考になりそうです。

彼女は、子どもの人権という点から行政の活動を監視し、問題があれば対応する一方で、子ども議会の活動支援にも力を注いでいました。子ども議会とは、学校や行政の意思決定に子どもが直接参加し、影響を与える機会を提供するためにつくられたものです。フィンランドでは、子どもも自分の意思をもち、自分で決定する一人の主体的な人間として見なされています。子どもが自分自身に関わることがらについて自分で意思決定し、自分の影響力を及ぼす権利は、憲法でもうたわれているほどです。子どもだからといって、親や教師など大人の都合で振り回されてばかりではいけないのです。もちろん、そうは言っても乳幼児では発言もできないのは仕方ないのですが、それでもできるだけ早く自分で意思決定する能力が育つようにと、学童期の子どもを対象にした子ども議会のような取り組みが全国的に積極的に進められているのです。つまり、子ども議会の活動支援は、子どもの人権擁護にとって欠かせないこととして捉えられているのです。

彼女によれば、子ども議会では、給食のメニュー、校庭の危険な遊び場などについて、子どもどうしだけでなく、大人とも対等に活発に意見を交わしているとのことでした。そんな話を聞き、私は、同調圧力に抵抗できず自由に意見が言いにくい日本の子どもたちとは対照的に、フィンランドの子どもはのびのびできているなあとうらやましく思いました。しかし、その一方で、各自がさまざまな意見を主張すると、意見がなかなかまとまらないのではないか、けんかも起こったりして集団がバラバラになるのではないか、と気にもなりました。そこで彼女にその点を尋ねてみたのですが、そのときの彼女の答えがとても示唆的で印象に残っています。

私の問いが意外なものだったらしく、彼女は少し驚いたような顔をして、子ども議会は合意形成したり意見を一つにまとめたりすることに意義があるのではないと言いました。それよりも、自分と違う意見をもつ人と出合い、どうしても自分と同じにはなれないことを知り、それを忍耐する力をつけることが重要なのだと言いました。異なる意見、そしてそれを主張する人に対する忍耐こそ、一人一人が尊重される民主主義社会にとっては欠かせないのだと説明しました。

彼女は私の「集団は一つにまとまるべき」という考えに驚いたようですが、私のほうは彼女から「忍耐」（もちろん日本語ではなく、英語の patience だったのですが）という言葉が出てきたことにびっくりしました。「忍耐」なんて、個人の人権についての意識が高いフィンランドで重視されているとは思ってもみなかったからです。でも、よく考えると彼女の言う通りで、民主主義のためには自己主張ばかりではなく、他者の自由を尊重するために自分の主張や自由を譲歩したり妥協したりすることも大切なのでした。私は、知らず知らずのうちに、「みんな仲良く一つになって」に執着していて、「みんなちがって、みんないい」を忘れていたようです。

日本の学校では学級会や係活動といった特別活動の時間があり、そこでこうした子ども議会の役割が期待されるのでしょうけれども、教師向けに特別活動の意義を説明したパンフレットを見ても、残念ながら異質な他者に対する忍耐や受容について言及はありません。違ったまま、相容れないままでも、同じ学級の仲間としてうまくやっていく方法を学ぶ機会がもっとあればと思います。

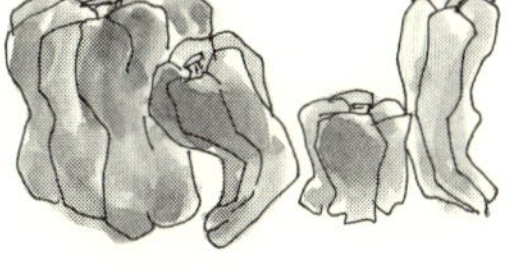

第8章 小学生の宿題――受け身の訓練

息子が通う小学校では、一年生の早いうちから毎日宿題が出るようになりました。日記、音読、漢字練習、計算問題など、学校の先生いわく「家庭で一日三〇分間、机に向かう」ための宿題が出されました。三年生になるとこれらに加え、自主学習が始まりました。自主学習とは、ノートの見開き二ページ分、国語でも算数でも、あるいは新聞記事についてでも何でもよいので、自分が選んだ課題を自分のやり方でするというものです。五年生になるとさらに、教科の問題集を使った学習も追加されます。こうした宿題は学校がお休みの土曜・日曜にもあり、基本的に宿題ゼロの日はありません。

私自身が小学生だった頃は毎日こんなにいろいろ宿題が出されていた記憶がないので驚きますが、近年、全国的に宿題は増加傾向にあるようです。ベネッセ教育総合研究所が二〇一五年に行なった「第五回学習基本調査」によれば、学校外での勉強時間のうち学校の宿題や課題をする時間の平均は、前回調査（二〇〇六年）と比べて、小学生（五年生）では一三分増加して四九・八分でした。中学生（二年生）・高校生（二年生）の平均宿題時間も増えているのですが、興味深いのは、それらの時間が小・中・高でほとんど変わらないことです。小学生は、中高生並みに宿題をがんばっているのです。

こうした傾向は、国の教育政策の動きと深く関わっています。国は今、社会全体の活力の低下、日本の国際的な存在感の低下に対する危機意識から、その克服に向けて、国際的に通用する人材の育成を教育政策の重要課題として挙げています。そのため、「国際的な学力調査でトップレベルに」なることが取り組みの成果の指標として重視され、そのようななかで家庭での学習時間の増加が生じているのです（文部科学省　二〇一六b）。国が小学生・中学生を対象に実施している「全国学力・学習状況調査」のデータを専門家が詳細に分析した結果では、社会経済的な条件が不利な家庭の子どもであっても、学習時間が増えれば高い学力を達成できるということが示されたとのことです。すなわち、「学力格差縮小には、宿題ないし家庭学習の取り組みの重要性が示唆される」（国立大学法人お茶の水女子大学　二〇一五）ということで、宿題は、（社会経済的なバックグラウンドに関係なく）全体の学力底上げにとって不可欠なものとして、ますます増やされるというわけです。

けれども、こうした動きが、当事者である子どもにとってどのような意味をもつのか、あるいはどのような影響をもたらすのかという点も考える必要があります。

苦痛の時間、苦痛の理由

じつはわが子は低学年のときに、この「毎日の宿題」につまずいてしまいました。いや、正直に言えば、親の私がつまずいたのでした。とにかく、わが子はなかなか宿題を終わらせられなかったのです。ノートを開いてやっと漢字を書き始めても、やる気のない字で汚く、マス目を大きくはみ出していて、私が横から「ていねいに書こうって先生のコメントがあるよ」と言うと投げ出してしまいます。計算ドリルは、問題をノートに書き写すのが面倒になり、途中で止まってしまいます。音読では、自分の思い込みで読んでしまい、書いてある通りに正しく読み進めることができません。日記や自主学習は、課題の選択に悩み過ぎてなかなか始められません。こうして一時間、二時間と、どんどん時間ばかりが経ってしまいます…。最初は何とか子どもにやる気を出させようと「がんばろうね、終わったら遊べるよ」と優しい声かけをしていても、相変わらず宿題が進まない子どもにイライラし、カーッと怒りが爆発してしまうこともよくありました。

こうして子どもの毎日の宿題時間は、私にとって苦痛の時間となりました。イライラしている親の前で、宿題をしなければならない子どもはもっと苦痛を感じていたと思いますが、そのことに配慮が及ばないくらい私は余裕を失っていました。なぜ、わが子は宿題がちゃんとできないのだろう、どうしたらできるようになるのだろう、と考え悩んでばかりいました。

しかし、やがて、私たち親子が毎日悪戦苦闘している宿題とは一体何のためのものなのだろうかと疑問をいだくようになりました。たとえば日記は、先生が毎回コメントを書いて返すことで、子どもの自己評価能力や自己管理能力を高める効果があるとも言われていますが（国立大学法人お茶の水女子大学　二〇一五）、それがねらいだとしても、毎日、一日も休まずに書かないといけないものなのでしょうか。漢字練習の宿題では、もう覚えた漢字まで五回も一〇回も書かないといけないのでしょうか。音読も、飽きてうんざりしてしまうくらい、同じ読み物ばかり何遍もオウムのように繰り返して声に出して読まないといけないのでしょうか。こう考えると、宿題は学力をつけるためというよりは精神鍛錬のためにあるのではないかと思われてきました。宿題とは、自己の欲求を抑え込み、与えられたことを拒絶せず何でもきちんとやり遂げるための強い精神、つまり、苦しくてもとにかく真面目にがんばる「根性」を育てるための修行なのではないかと思えてきたのです。

『宿題なんかこわくない』
塚本章人
かもがわ出版

怒りの矛先を子どもから宿題に転換しているだけにも見えますが、宿題が変なのではないかという疑念は、発達障害の子どもの指導に関わっている塚本章人氏が著した『宿題なんかこわくない』（二〇一四）を読んで、さらに強くなりました。この本の冒頭で塚本氏は、宿題はできて当たり前ではない、むしろ宿題に子どもを合わせるから無理が生じるのだ、といったことを言っています。私は、本当にその通りだ、と膝を打ちました。

確かに、課題を繰り返して行なうことは勉強には必要ですし、それが積み重なって学力が向上するというのも事実です。かけ算や割り算などの計算は、繰り返し問題を解くことで、だんだん早くなっていきます。ただ、それとて、「ここからここまでが宿題なので、とにかく絶対にしなさい」と無理に強いれば、やる気を失わせ、効果がないでしょう。それに、反復作業をさせることがいつでも効果的とも限りません。漢字は覚えることが目的なら、覚えたらもう書き取りの練習をする必要はないはずなのです。それ以上しつこくさせたら、漢字そのものが嫌になってしまいかねません。それなのに、ほとんどの宿題は、退屈でおもしろみがなく苦痛さえ感じても、黙ってこなすことばかり要求します。創造的なはずの日記や自主学習でさえ、毎日しなければならないと義務化することで、「とりあえずこう書いておけばよい」とパターン化されていきます（毎日独創的なものを仕上げるのは困難ですし、早く宿題を終わらせたいという気持ちもありますから）。結果、深く考えず、型通りのことを繰り返すだけの宿題になってしまうのです。

最初の意図はどうであれ、結局、宿題は、その中身よりそれをこなすこと自体が重要になっていき、「理屈抜きで、是が非でも、がんばってしなければならない」と上（教師）から下（児童）へ有無を言わさず強いるだけのものになりがちです。子どもたちは、そんな宿題を通して、勉強自体が嫌いになるおそれも十分考えられます。それなのに教師も親も、「学力向上」の言葉に惑わされているのか、そうしたことを忘れてしまいがちで、宿題が増えてもいい、むしろ増えるほうがいいと思っています。

宿題と体罰

もう一つ、宿題について気になる話があります。教育学が専門の丸山啓史氏の研究によれば、一九四六年から二〇一四年までの新聞記事を見ていくと、宿題に関連した教師の体罰の事例がたくさん確認され、なかでもその体罰の対象が小学生である事例が多かったとのことです。

実際には新聞に報道されない事例も多数あるので、これはほんの一部なのですが、それをふまえても注目すべきなのは、戦後から最近に至るまで、そうした事例がずっと存在することが明らかになったことです。また、それらの事例を扱う記事では、児童生徒が宿題をしてこなかったことが教師の体罰のきっかけとなったということは言及されていても、宿題をしてこないことと体罰との間にどんな関係があるのかについて触れる記事はほとんどなかったということです。それは、「子どもが宿題をしなかったから、教師の体罰が起こった」という説明が、人びとにとって自然で分かりやすいものだからでしょう。けれども、丸山氏は、宿題が原因でなぜ体罰になるのかという点こそ追究すべきだと主張しています（丸山　二〇一六）。

教師が、宿題をしてこなかった子どもにガミガミ言ったり怒鳴ったり、あるいは手を上げてしまうのはなぜなのか。それは、宿題が、教師によって指示されるものであるのにもかかわらず、教師のいないところで行なわれていることと関連しているのかもしれません。教師は、子どもを指導（あるいは、こう言ってよければ「統制」）する立場にあります。子どもが自分の言う通りにしないとき、教室内であれば直接その子どもに注意したり促したりします。そうやって子どもを指導し、教師の役割を遂行するのです。けれども宿題は、家庭で行なわれるものなので、教師は直接指導できません。だから、翌日学校で宿題をしてこなかった子どもに罰を与える、というかたちでしか指導できないと考えられるのかもしれません。子どもに自分の言うことを聞かせるという教師役割の遂行――宿題と体罰の間には、こうした問題が横たわっているのではないでしょうか…。

以上、宿題に潜む問題について述べてきました。宿題なんかないほうがいいという気持ちになりませんか。なんとフランスでは、小学校で筆記による宿題を出すことが、法によって禁止されているそうです。ですから、教科書も教室に置いて帰るようになっているそうです（文部科学省二〇〇九）。学習は、できる限り家庭ではなく学校で行なおうというわけです。

そんな国もあるのだな、と感心しつつ、今日もわが子は宿題とたたかい、私はイライラしないようがんばっています。

第9章 作文「ぼくのゆめ、わたしのゆめ」——つくられる「夢」

「将来の夢」をテーマとする作文は、学校で児童生徒が書く作文のうちで定番中の定番と言ってもよいでしょう。学年末や卒業を目前に控えた節目の時期に書いたり、クラスや学年の記念文集のために書いたりすることも多いと思います。また、学校外のあちこちで行なわれている子どもの作文コンクールでも、募集あるいは応募される作品で「将来の夢」は頻繁に取り上げられています。

作文を書かせているのは学校の先生をはじめとする大人たちですから、こうした傾向は、いかに大人が子どもの「将来の夢」に関心を持ち、それを重視しているかを物語っています。大人に向かう成長の過程にいる子どもたちが、何を目標として人生の階段を上っているのか、大人たちにとっては、まず好奇心から興味津々でしょう。しかしそれだけでなく、子どもたちに自分の将来について考えさせる機会を与えることは教育的に重要だという考えも強くはたらいていると思います。自分で考え、判断し、表現する力の育成は、今の学習指導要領（文部科学省が定める教育課程の基準）でも強調されています。そうした教育方針に基づけば、「〝自分の〟将来の夢」について考えて作文を書くことは格好の課題ということになるでしょう。

とはいえ、子どもの作文というものは、どんなテーマであれ、大人の理想や期待を反映しがちです。学校やコンクールというところで大人が書かせるものであるかぎり、作文は大人の評価の対象となります。そこで、「優れた作文」が選出されることで、子どもたちは「どう書くとほめられるか」を学習することになるのです。明示的にせよ暗示的にせよ、それは表現の方法だけではなく、何について書くか、何に感動し何を思うかというところまで含みます。そういう点で、子どもが書く作文は、そもそも大人から完全に自由とは言えません。子どもが作文を書いて自立を学ぶということは、実際にはそう簡単ではないと思われます。

もっとも、子どもだってつねに受け身の作文ばかり書いているわけではありません。大人の作る型や枠の隙間から、子どもならではの鋭い感性を示したり、のびのびとした表現で、大人を驚かせたりすることもよくあります。そして、大人の意表を突いたそういう作文も「素晴らしい」とほめられます。しかし、テーマが「将来の夢」になると、そうした型や枠から自由なものがぐっと少なくなるようです。ほめられる作文もワンパターンに感じられます。「将来の夢」は、やはり先に述べたように大人の関心が高いテーマだからでしょうか、大人が綿密に型や枠を作り固めてしまっていて、それに子どもたちの作文がはめ込まれている印象があるのです。

「夢」イコール「職業」

コンクールなどで入賞したものなどを見ていると、まず、それらの作文では、「夢は宇宙飛行士」「夢は学校の先生」「夢は看護師」といったように、「将来の夢」イコール「将来就きたい職業」となっていることに気づきます。職業について語ることが間違いというわけではないのですが、大人になればみんなが職業に就くとは限らないし、また、人生はべつに職業だけで成り立つわけでもないはずです。「夢は幸せな家庭をつくること」や「夢は動物と話ができるようになること」といった話も、もっとあってもよさそうです。しかし、そのような夢の作文はごく珍しく、たとえそうした夢をもっていても「幸せな家庭をまもるための仕事に就きたい」とか「動物の話が分かるような獣医になりたい」と、やはり最後には職業に結びつけられてしまう傾向があるように感じるのです。

さらに、それらの作文ではたいてい、夢を叶えるために（つまり、就きたい職業に就けるように）努力することが強調されています。たとえば、「ぼくは大リーグの選手になるのが夢です。そのために、毎日練習を休まず、がんばっています」「わたしの夢は、世界で活躍する女優になることです。夢を実現するために、英語の勉強をもっとがんばります。まずは英検三級に合格することを目標に努力します」などのように、夢に向かってがんばることの大切さが主張されるのです。

型にはまった作文から示唆されるのは、将来は自分も職業を通して社会に役立つ「人材」（人は材料なのです！）になるということを自覚し、それに向かって努力を怠らない子どもたちであってほしい、と大人たちが子どもたちに強く訴えかけているということです。これに素直に応じている作文が目立つという状況は、大人たちの、というよりこの社会の、そのような訴えかけがいかに強烈なものであるかを示しています。

大人たちは、実際、そうした訴えかけをいろいろな形で行なっています。全国学力・学習状況調査（いわゆる全国学力テスト）の報告書（平成二五年度版）は、国語や算数・数学の記述問題のすべてが無回答だった児童・生徒では、「将来の夢や目標を実現するために努力していますか」の問いで「当てはまらない」の回答が多い傾向があると指摘しています（文部科学省　二〇一三）。そういう指摘は、「賢い子になりたければ、将来の夢に向かってがんばる子になりましょう」というメッセージになります。そして、その「夢」とは職業を指します。文部科学省は、子どもたちの社会的・職業的自立を「夢や希望、目標を持ち、それらを具体的に行動に移していくこと」に結びつけています（文部科学省　二〇一一）。

また、二〇一六年六月に閣議決定された「ニッポン一億総活躍プラン」でも、国の経済成長戦略として、「子供たちの誰もが、頑張れば大きな夢をつむいでいくことができる社会を創り上げる」とか「すべての子供が夢に向かって頑張ることができる社会をつくらなければならない」と述べられています（内閣府大臣官房政府広報室　二〇一六）。もちろん、その「夢」とは、国の経済成長につながるもの、つまり職業労働のことです。ここでは、未来を担う子どもたちが将来の職業を見通してそれに向かってがんばることが、この国の原動力になるということが強調されています。

このように大人たちは、子どもたちの「将来の夢」やその実現のための努力が、子どもたち自身にとっても、社会にとっても、非常に大切だということを喧伝しています。そう言えば、学校では最近、キャリア教育なるものもさかんになっています。学校において徹底的に「将来の夢」教育を行なうということです。こうして「将来の夢」の作文はますます型にはまっていくことになるでしょうし、「書くだけではなく実行しているか」と、もっと厳しく評価されたりもするでしょう。

夢の競争からおりる

では、夢に向かってがんばったとして、その夢はどれだけ叶うのでしょうか。東北大学教育文化研究会が一九八六年度から九九年度にかけて、高校生を対象に実施した調査では、厳しい現実が浮かび上がっています。それによれば、ちょうどその頃バブル崩壊後の経済不況が長期化していくなかで、高校生は高い地位につくことよりも自己実現、言い換えれば「ナンバーワン」ではなく「オンリーワン」を追求するようになり、そしてそのために専門職を目指す傾向が強まってきたようです。それは、「ぼくのゆめ、わたしのゆめ」として、子どもたちが自発的・意欲的に取り組む目標を自分自身で選ぶことが定着していることを示唆しています。そして、かれらがその夢の実現に向けて努力した結果、大学進学率は上昇しました。ところが、景気悪化のもとで労働市場での需要は減少し、がんばっても「夢」を実現できない若者がたくさん生まれたということです（片瀬　二〇〇五）。

それから二〇～三〇年経った今日でも、状況は変わっていないように思われます。社会は相変わらず子どもたちを夢の競争に追いやってばかりです。「夢に向かってがんばれ」と煽《あお》っておきながら、だれもがその夢を実現する手段に恵まれているわけではないというのが現実です。さらに言えば、競争の勝者になれず非正規雇用を転々とする「フリーター」、あるいはそこからも離脱して引きこもったりする人たちに対しては、「努力不足だ」「自己責任だ」と世間は冷淡でもあります。「将来の夢」について大人がほめる作文を書いて、がんばっている今の小学生も、やがては夢の実現につまずき「負け組」と言われるようになるのだろうかと案じてしまいます。

けれども、そんなに悲観しなくてもよいのかもしれません。ベネッセが小学生の子どもをもつ保護者を対象に行なったアンケート調査によれば、子どもが将来なりたい職業が、保護者が就いてほしいと考える職業と一致していると回答した保護者は三割程度だったとのことです。保護者が子どもに就いてほしい職業のランキングを見ると「公務員」「医師」「薬剤師」「看護師」「教員」が上位に来ますが、子どもにおいては「サッカー選手」「芸能人」などの人気が高いのです

（ベネッセ　二〇一三）。そう言えば、最近はYouTuberを将来の夢とする子どもも多いそうですね。大人から見れば子どもの夢は非現実的でしょうけれど、そんなふうに、リアリティがほとんどないくらいに「将来の夢」の話自体を無意味にしてしまうほうが、子ども自身の身を守ることになるのかもしれません。

そう言えば、わが家でもこんなことがありました。以前、子どもが学校の図工の時間に描いた「将来の自分の絵」（作文ではないのですが）を持って帰ってきました。「マンガ家」の自分が描かれていました。「将来の夢はマンガ家？」と聞くと、「ほんとはそうじゃないけど、マンガ家が描きやすかったから」と返ってきました。キャリア教育の視点から言えば「もっと真面目に考えなさい」と注意すべきことでしょうけれど、「描きやすいから描いた」くらいで、ちょうどよいのかもしれないと思いました。大人たちがはめようとする型や枠から、身をかわしていく術をもつことも大事ですものね。

第10章 クラブ活動――失われる「遊び」の要素

小学校高学年にもなると子育てはぐんと楽になるかと思いきや、まだまだ手がかかります。とくに、子どものクラブ活動に関しては、親のほうも忙しくなって大変です。

クラブ活動と言っても、中学校・高校の部活動とは違うものです。そもそも「部活動」は、中学校・高校の学習指導要領には言及があるものの（ただし、教育課程の中には位置づけられておらず、あくまでも自主的な活動とされています）、小学校の学習指導要領には記述がなく、制度的には「想定外」です。わが子が通う小学校にも部活動はありません。その代わりに、小学校には、「特別活動」という教育課程の中にあって授業時間内に実施される、「クラブ活動」というものがあります。が、特別活動としてのクラブ活動は、年に数時間しか実施されていないのが実態ですから、ほとんど影響はありません。

私がここで言っているクラブ活動とは、小学校の授業の中のそれではなく、とくに運動系の、地域で有志の大人の指導の下に子どもたちが自主的に集まって活動しているものです。たとえば、スポーツ少年団や民間のスポーツ教室、子どものクラブチームなどです。

なぜそのクラブ活動で親が大変になるのかというと、まず一つに、子どもの活動であるのにもかかわらず、親の参加や関与がかなり求められるということがあります。クラブ活動では、校庭や体育館など学校施設を使用して活動している場合でも、学校がつくった団体ではないために、学校には監督責任がありません。かといって、有志で来てくださっている指導者一人（あるいは数人）にすべての責任を負わせるのは重すぎます。ということで、保護者も責任を分担することになります。わが子が所属するサッカークラブでは、練習にせよ試合にせよ、指導者とは別に、当番制で毎回二～三名の保護者が付き添い、万が一のケガや事故の際に対応できるようにしています。当番の保護者はこのほか、指導者や子どもたちの飲料水や氷を用意したり、試合が他の場所で開催されるときは荷物を運び出したりもしますし、さらに保護者代表や役員になれば、クラブの備品管理、試合の日程調整や連絡の係も回ってきます。また、当番や役員に当たらなくても、遠方での試合の際は、子どもを試合会場まで送迎しなければなりません。

したがって、子どもがクラブに加入すれば、保護者も必然的にクラブの運営に関わり、何らかの役割を担うことになります。練習や試合の予定はどんどん入ってくるので、いくら当番制にしていても頻繁に担当の番が回ってきます。私も含め、就労する親たちは仕事との調整に毎回苦心し、どうしても予定が合わないときはだれかに代わってもらうしかありません。相手は「お互いさまですから」と言ってくださるのですが、こちらは借りを返す余裕もなかなかなくて申し訳ない気分になります。

クラブ活動のもう一つの大変さは、子どものスケジュール調整・管理が難しくなる点にあります。子どもには、習い事、病気やケガの治療のための通院、あるいは家族での外出・旅行といった予定もあり、これらをクラブ活動の予定と折り合いをつけながら組んでいかなければなりません。また、放課後に活動のある平日はとくに帰宅時間が遅くなるため、学校の宿題や家庭学習の時間をどう確保するかも大きな問題です。クラブ活動が終わったら、その後習い事に行って、夕食を済ませ、宿題をやって、入浴し、就寝…という段取りを考えてはいても、クラブ活動後の子どもは疲れ切っていてスムーズに行動できないこともよくあり、スケジュールは狂ってばかりです。

小学生のクラブ活動と言えば、どこでも状況は似ているのではないでしょうか。実際、クラブに所属してのスポーツ活動を子ども（小学生）にさせていない母親にその理由を問うたところ、送迎や付き添い、係や当番など、親の負担が上位に挙がったという調査結果も報告されています（笹川スポーツ財団　二〇一七）。

自主性のワナ

とはいえ、クラブ活動に実際に関わってみれば、楽しいこともありますし、よい経験をさせてもらったという実感があるのも事実です。先に触れた調査でも、子どもに運動系のクラブ活動をさせている母親のうち、練習の付き添い・見学に負担感があると答えたのは四割程度でしたが、それらにやりがいを感じると答えたのが約八割にも上ったという結果や、半数近くの母親が「保護者どうしで仲良くなれた」「(自分が)スポーツに興味・関心をもつようになった」とクラブ活動をポジティブに評価しているという結果が得られたということです(笹川スポーツ財団　二〇一七)。私も、そのようなメリットを実感しているので大いに納得します。むしろそうだからこそ、当番などの負担が重くても「いいこともあるのだから、これくらいは黙って受け入れざるをえない」と耐えるようになるのです。

それに加えて、クラブ活動をしていると、練習試合や公式試合など「勝つ」という分かりやすいかたちで子どもの活躍が見えます。当の子どもたちはもちろんそれで達成感ややりがいを味わっているのですが、親たちだって自分の子どもの活躍を見て嬉しくないわけがありません。負けたら「次こそ勝とう！」、勝ったら「さらに上へ！」とさらなる活躍を子どもに期待します。親にとっても、クラブ活動は、どんどんはまり込んでしまうものなのです。

クラブ活動がもともと「自主性」によって成り立つとされているという点も見逃せません。部活動問題を議論している教育社会学者の内田良氏は、部活動は自主的であるがゆえに美化され正当化される傾向があり、その結果「しんどいけど、やらなければならない」と強制的になっていく危険も併せ持つと指摘します。自主性の強調は、部活動が肥大化していく大きな要因だと言うのです(内田　二〇一七)。親たちは、そんなこととはつゆ知らず、クラブ活動での子どもたちの

サッカーをする子どもたち

自発的ながんばりや努力を大きく評価し、練習や試合でどんどん忙しくなっても当然のことと思いがちです。私自身も、忙しさは熱心さの表れだと思っていました。

親自身がクラブ活動を過度にすばらしいもの、重要なものとして価値づけるから、「勉強など他にすべき大切なことがあっても、クラブ活動はなおざりにすべきではない」と他のこととの「両立」を当然としてスケジュールを立てたり管理したりするようになるのです。それで、予定通りに事が運ばなかったと言ってイライラするのです。ならば、クラブ活動にそこまでウエイトを置かず、もっと適当に練習を休んだりするという選択肢もあってしかるべきです。親からあれもこれも本気で取り組めと言われる子どものほうは、たまったものではないでしょう。

縮小する遊び

クラブ活動の今の姿は、保護者をはじめ大人たちがつくり出しているものです。したがって、問題があるなら解決の責任は大人にあります。そして、大人がつくったものだからこそ、クラブ活動が子どもたちにどのような影響を及ぼしているのかについて問うことも、私たち大人の責任でしょう。

子どもたちは、クラブ活動のためにますます多忙になっています。かれらこそストレスをためているのではないでしょうか。そう心配して様子をうかがうのですが、予想に反して、クラブ活動中の子どもたちはみんな元気いっぱいです。わが子もその中で、確かに楽しそうに走り回っています。実際、本人も「疲れるけど、クラブは楽しい。小学校卒業のときまで続けたい」と言います。楽しい理由について聞くと、「友だちといるから」とのことでした。「サッカーをしたいから」は二番目の理由でした。

子どもたちからしてみれば、クラブ活動は「仕事」ではなく「遊び」ということなのでしょう。食事後おなかいっぱいであってもデザートは別腹とよく言いますが、それと同様に、学校、宿題、習い事でクタクタに疲れていても、クラブ活動は遊びであり楽しみだから、それ自体が苦になることはないのです。「遊び」というものを忘れ、何でもかんでも「仕事」と捉えストレスを感じがちな大人の私からすれば、うらやましく思います。

　しかし、よく考えると、今の子どもたちにとって、クラブ活動以外に「遊び」はあるのでしょうか。最近、子どもだけで自由に集まって遊ぶことが、めっきり減っているように感じます。それは、子どもがゲームやネットなど家の中での一人遊びを好むようになったからだけではなく、大人が事故や事件を心配し、子どもだけで勝手に外で遊ばせることを躊躇《ちゅうちょ》するようになったからでもあるでしょう。あるいは、大人のせいで、習い事など子どもがやるべき「仕事」が増えているからでもあるでしょう。子どもは、ますます大人の管理下に置かれるようになっています。そのようななか、遊びも、大人が管理するところでしかできなくなっています。遊びというのは、ただ楽しいという理由だけで夢中になり、自由にふるまってよいもののはずですが、それすら大人の許可を得て実現するものになっています。その一例が、クラブ活動なのです。

　子どものクラブ活動で忙しくなったとぼやく私たち大人は、自分が子どもの管理を徹底していることに気づかず、ますますその動きを強めているのかもしれません。大人は、子どもにクラブなしでは友だちと遊べないという状況をつくっておきながら、クラブはもちろん勉強も他のことも手を抜かずがんばることを子どもに求めています。そして、自分自身も、当番や子どものスケジュール管理で悩んでいるというわけです。

　大人が子どもを自由に遊ばせなくなったことの代償は大きいですね。

第11章 運動会――泣ける「一致団結」

小学校の運動会と言えば、体育の日の青く高い空、赤帽と白帽、お弁当の中に入っていた黄色いミカン…と秋晴れの日の色鮮やかな光景がパッとよみがえります。しかし、最近は、初夏の五月や残暑厳しい九月に運動会を行なう学校も多くなっているようです。暑く、日差しも強いですから、グラウンドの観覧席に、ワンタッチで張れるポップアップ・テントやタープを持ち込む親たちも多数見かけます。カラフルなテントが並び立つ光景は、家族連れで賑わう行楽地のような雰囲気を感じさせます。運動会も変わったなあと思います。

それでも運動会は、昔と変わらず主要な学校行事です。多くの小学校では今、授業時間の確保や教員負担の緩和のために、学校業務をいかに効率よく実施していくかが課題となっています。そのなかで、従来の学校行事の縮小、統合、あるいは廃止が検討されていますが、運動会がなくなったという学校の例はほとんど聞きません。二〇一〇年に全国の公立学校教員を対象に行なわれた調査の結果によれば、時間割を組む際に行事の精選を行なっている小学校でも、その九八・四％が運動会を年一回以上行なっているとのことでした（ベネッセ教育総合研究所　二〇一〇）。運動会は、予行練習のために授業時間を割いたり、運営のために多くの人手を要したり、かなりのエネルギーが費やされる行事ですが、学校においては「当然やらなければならないもの」と考えられているようです。

では、運動会とは何なのでしょう。その起源は明治期にさかのぼります。明治期の運動会について調べた社会学者・吉見俊哉氏によれば、小・中学校の運動会は明治一八、一九年頃から行なわれるようになったそうです。ただし、この頃の運動会で行なわれていたことは、運動競技というよりは軍隊ごっこのようなもので、隊列行進や「旗奪」（チームに分かれ、相手チームの旗を奪い合うゲーム）がメインだったとのことです。

なぜ、軍隊ごっこだったのでしょうか。当時、日本のエリートたちは、欧米先進諸国を目標に近代国家としての新しい日本をつくり上げようとしていました。そのためにはその国家に属する「国民」というものもつくらなければならないのですが、エリートたちには、その国民となる人びと（日本人）の身体が欧米先進諸国の国民のそれと比べて貧弱でひ弱に見えました。そこで、兵式体操を取り入れ、日本人の身体改造を進めようとしたのが、運動会の始まりだったようです（吉見　一九九九）。

現代の運動会でも、足並みの揃った入場行進、開会式や閉会式でのビシッとした整列が当たり前の光景であることを思い起こすと、初期の運動会の「身体改造」というエッセンスを引き継いでいるように思います。行進や整列のために必要な機敏さ、体の軸の安定は、子どもたちの身体に訓練や調教を施さないかぎり完成しないものだからです。

集団への一体化

さて、軍隊ごっこから始まった運動会は、次第に競技を通した競争へと形を変えていきますが、そのなかで今度は、個々の選手が組のために闘う、組を応援するという集団対抗の競争形式が根付いていきます。「組対抗」は、時に「学校対抗」や「市町村対抗」にもなりました。吉見氏によれば、明治期後半には、こうして個々の子どもの身体がさまざまなレベルの集団に帰属されることにより、その延長線上に「国家」が来ても自然に受け止められる雰囲気もできあがったとのことです。小さな集団からより大きな集団へ同心円状に所属意識や団結心を広げていった先に国家がある――じつは、これも運動会のねらいでした。つまり、運動会とは、近代日本国家の成立および繁栄のために自らの身体を鍛え、用いる意志のある人びと、つまり、国家への忠誠心の高い「国民」をつくり上げるための、独特な教育的戦略だったのでした。

集団への一体化、規律性、そして忠誠や献身は、今日の学校の運動会でも非常に重視されています。もちろん、現在は皇国日本への忠誠が目的ではないことは明らかですが、巨大な人間ピラミッドなど、近年その危険性が社会問題にもなった組体操が、多くの学校の運動会で行なわれていることは、それを顕著に示す例だと言えるでしょう。あるいは、自分が所属する組の優勝のためにと、それぞれのメンバーが声を枯らしてまで応援したり、仲間と一心同体になった応援ができるまで何度も繰り返し練習したりするなど、一所懸命な応援が高く評価される傾向も、そうした例の一つです。つまり、今もなお運動会は、集団の目標（「一糸乱れぬ集団の秩序の美しさ」や「集団の勝利」など）をみんなが心を合わせて大成する（そのために、自分はたとえ苦しくてもみんなのためにがんばる）ことを学ぶ機会なのです。

わが子が通う小学校の運動会を見ていても、そうしたことが重視されているのを感じます。それが顕著なのは、運動会終了後の「ふりかえり」の時間です。閉会式の後、子どもたちは各組で集合し、六年生リーダーのもとで本日の運動会についての感想を述べ合います。学校ではこれを大切な学習の時間として捉えており、運動会直後で疲れていてもダラダラすることなく、緊張感をもって発表するよう促されます。子どもたちからは、「ぼくたちの赤組は優勝できなかったけど、みんなが心を一つにして応援できたのはよかったと思います」とか「一人一人が最後まであきらめず、赤組の優勝を目指して一所懸命でした」とか「応援合戦で負けないよう、もっと練習しておけばよかったです」といった反省や評価の声が次々に上がります。自分たちの組が優勝できなかったことを悔しがり、涙をこぼす子どももいたりします。ここで、自分は競技で一位になれてうれしかったなどといった個人的な話をする子どもはいません。また、運動会がつまらなかったと言う子どももいません。「一人一人は集団のために」というポイントを、子どもたちはしっかり理解しているのです。

祭りとしての運動会

けれども、それはじつは運動会の一面にすぎません。前述の吉見氏は、明治期の運動会には伝統的な遊戯や村祭りの面もあったことを強調しています。当時は、学校で運動会があれば、村の人びとが仕事を休んで大勢集まり、見学どころかそこで宴会まで開いたりしたのでした。花火が上がったり、学校前には食べ物の出店が並んだり、プログラムも運動競技というよりは興行的な種目を含んでいたりなど、まさに祭りだったのです。おそらく一般の人びとにとって運動会とは、近代国家のための集団主義教育というよりは、むしろ各々が日常の生活を一旦忘れ、非日常をワイワイ楽しむ機会だったと言うほうが実感に近いでしょう。

学校の運動会を地域の人びとが「村の祭り」として楽しむという状況は、昭和の時代にも見られました。運動会では地区ごとにテントが立てられ、そのテントの中で同じ地区の人たちが近所の子どもを応援したり一緒に弁当を食べたりしていたとか、地区対抗リレーが大変盛り上がったという思い出話は、私より少し上の世代の人たちからも聞かれます。村祭りの運動会は、地域の大人と子どものふれあいの場だったのです。

しかし、私自身が小学生だった昭和五〇年代以降になってくると、都市部を中心に、そうした雰囲気は徐々に薄れていきました。私が育った地域では、地域住民のための祭りとしての運動会は、会場は小学校の運動場ではあったものの小学生のための運動会とは別の日にあり、教育的運動会と地域の祝祭的運動会がはっきり棲み分けられるようになっていました。それに、地域コミュニティも弱体化しつつあり、実際、新興住宅地に新しく移住してきた人たちは（私の親たちを含め）あまり地域の運動会に参加していませんでした。

やがて、地域コミュニティの求心力がさらに弱まると、地域の祭りとしての運動会はいよいよ衰退していきました。今では、地域の運動会自体は形式的には残っていたとしても、ほとんどの地域の人びとにとっては、自治会・町内会など地域組織の役員の仕事や義務であり、楽しい祭りというイメージはなくなっています。一方、都市部に比べて地域のコミュニティが維持されていると見られる農村部においては、過疎化・高齢化という理由で、運動会を祭りとして地域全体で盛り上げることができないという問題が出てきています。

家族のためのイベント

このように、村祭りという側面がなくなった今日の学校の運動会では、「集団への忠誠」だけが引き継がれて残っているように見えます。でもその一方で、新たに現代的な側面も表れてきているように思います。今どきの運動会は、冒頭でも触れた家族テントに象徴されるように、家族のためのイベントという側面が強まっているのではないでしょうか。

今や運動会は日曜日など休日に実施されるのが普通で、お父さん、お母さん、兄弟姉妹、さらにはおじいさん、おばあさんと、家族が揃って見に来るところが多数を占めます。家族とはいえども、ふだんは各々のスケジュールでバラバラに動いているのですが、この日は運動会に出場するわが子のために家族テントという「一つ屋根の下」に集合します。昼休みには、わが子がテントに帰ってきて家族全員揃って弁当を食べます。まさに一家団らんの光景です。運動会での家族テントは、家族が家族らしさを実践すること、すなわち「家族する」のに一役買っているようです。第5章で述べた、家族旅行と同じような効果がそこに見られます。

そのような、運動会で久しぶりの「家族」を楽しむ家族にとっては、関心はもっぱら、赤組の優勝よりも「うちの子」の活躍です。うちの子は、仲間のために歯を食いしばってがんばっています。そんな勇姿を遠くから見つめながら、親たちはわが子の成長に感動し、これまでの子育てをしみじみと思い返したりするでしょう。そして、「家族の絆」を再確認します。運動会とは、「私たち家族」を実演する場であるだけでなく、「私たち家族」を感動的に演出して見せてくれる装置でもあるのです。

今日も運動会が必要とされ実施され続けているのは、家族が家族になるために有用であるという隠れた理由がはたらいているのかもしれません。

第12章 ふるさと教育——田舎っぺと都会っ子

ある日、わが子が何気なく「東京とか大阪の子を、都会っ子って言うの？」と聞いてきました。一般にそう言われているかもねと答えると、「じゃあ、僕らは田舎っぺ？」と聞いてきました。私たちが住んでいるのは島根県松江市。田舎というのは山間地のことかな、だったらここは田舎というより地方というべきかな、でも地方っ子という言葉なんて聞かないなあ、じゃあやっぱり田舎っぺなのかなと、私があれこれ思案しているうちに、わが子はもう勝手に自らを「田舎っぺ」と決めたらしく、「僕ら、〝子〟じゃなくて〝ぺ〟なんだね」と言いました。

「ぺ」って？　「都会っ子」という言葉が「都会」と「子」からなるように、「田舎っぺ」という言葉も「田舎」と「ぺ」に分割できるという発想が可笑しくて、「〝ぺ〟なのかあ」と私が笑いだすと、わが子は真剣な表情になり、「〝ぺ〟なんか人間じゃないし。僕ら、バカにされてるみたい」と、不満をうったえました。そもそも「田舎っぺ」という言葉自体が蔑称なのですが、わが子は、「ぺ」という、それだけでは意味不明で、また音の響きも軽すぎる語に、「子」のようにちゃんと人格をもった存在として尊重されていないような印象をおぼえ、不快感を表明しているのでした。それを見て、ここは笑うところでなかったと焦りました。続けてわが子は言うのでした。「都会は、いろんなものがいっぱいあるからいいなあ、ずるいなあ」。要するに、うらやましがっているのでした。都会は新幹線や地下鉄が走っていて、お店にはたくさんの品物があって、大きな博物館や美術館もあるし、おもしろそうなイベントもいつも都会でしかやっていない、と。都会の子どもにとっては当たり前のようなことでも、地方にいる自分は見たこともなかったり遠い存在と思っていたりするのかと思うと、自分も都会で暮らしたいという気持ちが高まってくるようです。

たまたま住んでいるところによって、都会の恩恵を受けられる人もいればそうでない人もいる。それなのに、後者を「田舎っぺ」とあざ笑う世間があるという現実。小学生にして、もう都会と地方の格差を実感しているのかと思うとやるせない気持ちになりますが、じつにもっともな意見です。だれでもいろんなものがいっぱいあるところというのは魅力的に感じるでしょうし、そのようなまちに住んでそうしたメリットを享受する権利は、最初から都会にいた人だけのものではないはずです。

進学による若者流出

私は、わが子に、「田舎っぺ」がいろいろなものがある大きなまち＝都会へ出て行くのは自由だということを強調して伝えました。実際、地方から多くの人びとがより大きなまちへ移動しています。移動の理由は、今日では就職というより大学進学がメインとなっていて、たとえば島根県について言えば、平成二九（二〇一七）年度学校基本調査の結果によれば、県内高校出身者で大学進学者二六五〇人中二二五九人が県外に出ています。内訳を見ると、東京に一七一人、大阪に二五一人、京都に一二一人、兵庫に一七〇人、広島に四九四人、岡山に二四七人、福岡に一一四人が移動しており、これらだけで大学進学者の六割近くになります。島根県内に残るのは一五%ほどです。

ですから地方では、子どもが大学に進学するというのはこの地域からいなくなること――そして、大学を卒業してもそのまま、ここには帰ってこないこと――というのが最初から織り込み済みとなっています。実際、子どもの小学校の同級生のお母さんたちと話していると、「子どもと一緒にいられるのは、もう後一〇年もないんだよね」ということがよく話題になります。親たちは「うわあ、あと少ししかない。さびしくなるわあ」とか言い合ったりしますが、その一方で、子どもにはこんな地方でこぢんまり生きるのではなく、もっと大きなところへ出て行って刺激を受けて成長してほしいという気持ちも強くもっています。それに、競争社会の中で「勝ち組」になるには、地方は断然不利であるという認識もあります。もちろん、都会の大学へ進学するというのは親にとっては大変お金のかかる話ですが、それでも多くの親は、子どものためを考えると子どもをずっとここに留めておくわけにはいかないと思っています。離島などでは、高校さえ近くになくて、高校に行くために子どもだけ島外に出て行って寮生活をするケースも珍しくありません。大学に入っても、あるいは就職しても、親と一緒に暮らしている青年が多いことが注目される都市部とは対照的です。

ただ、若い人たちが次々と地元を出て行ってしまうのは、地方の社会からすれば深刻な問題です。都会から地方へ来る人などほとんどいない現状ではそれは、地方の社会をつくり支えていく次世代がいなくなるということであり、それはすなわち、社会の維持・存続が危機に立たされることだからです。このような問題は、すでに高度経済成長期の頃から議論されていたことですが、今日はそのときよりももっと、地方に人びとを引き留める「縛り」がなくなって、人口流出に歯止めがかからなくなっています。

地域学習と郷土愛

「縛り」と言うと抑圧的な印象を与えるかもしれませんから、人びとを地方に引き寄せる「プル要因」と言っておきましょう。地方では最近、こうしたプル要因を強化しようと、小学校や中学校などで「ふるさと教育」や「ふるさと学習」（名称はさまざまです）といったものが推進されています。地域に暮らす人を講師に、この地域の自然や文化を説明してもらったり、その人のここでの活躍や地域への思いを聞かせてもらったりすることを通して、子どもたちにおいてふるさ

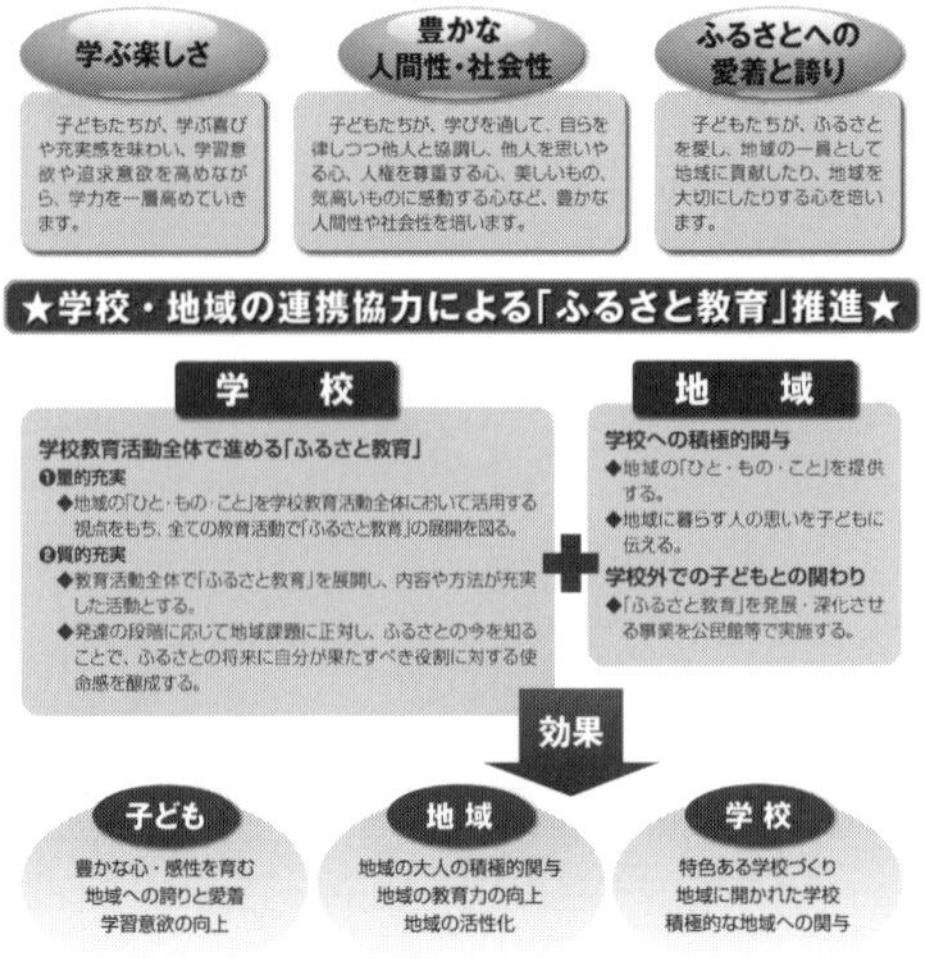

第３期ふるさと教育の説明図
（島根県立東部・西部社会教育研修センター　二〇一三）

とへの愛着や誇りを高め、将来ふるさとの社会に貢献する意欲を喚起することをねらいとしています。

島根県でも「ふるさと教育」を推進してきており、学校は地域と連携し、地域を学習の場とし、そこで子どもたちが直接見たり聞いたり体験しながら学ぶ機会を積極的につくり出しています。今日、文部科学省も地域と学校の連携・協働活動を強調していることもあり（文部科学省　二〇一六a）、こうした教育プログラムには、学校関係者のみならず、行政職員、地域の公民館や商工会、地域住民なども関わり、ますます力が入れられるようになっているようです。

わが子が通う小学校でも、教室から地域に飛び出していく学習がさかんです。これまでにも社会科での「身近な地域」の学習、総合的な学習、理科の時間などに、学校の近くの商店街、醤油工場、郷土資料館、川の源流・河口、城や寺・神社、ゴミの処理工場など、地域のさまざまな施設や場所に行きました。そして、それぞれの場所で、今の地域社会の担い手として活躍している人たちからお話もたくさん聞いてきました。

生活現場である地域には、自然、文化、歴史、地理、生活などに関する生きた資料、あるいは生きた声が豊富にあります。学校で学ぶことがらが自分たちの暮らしにどのようにつながってくるのか、あるいは自分たちの暮らしがどうやって成り立っているのかを知るために、こうした身近の生きた資料や声を活用する意義が大きいことは言うまでもないでしょう。学ぶということが自分たちの生活や生命についての理解、さらには「生」の実感や喜びに直結すると知ることは、知的好奇心や勉学意欲を養ううえで意義あることです。

しかし、こうした地域学習に「ふるさと教育」の視点が入ると、話はそこで終わりません。ふるさとへの愛着と地域貢献意欲の醸成がねらいとなっているので、子どもたちは、自分たちが暮らすこの地域の「よいところ」や「すばらしいところ」について再認識するよう導かれる傾向があります。地域の課題について考えるという場合でも、「この地域の〝悪いところ〟をどう直すか」というよりは、「この地域の〝よさ〟をどう活かすべきか」に焦点が当てられることが少なくありません。わが子の学級で地域学習が行なわれた際も、まずみんなで「この地域のよさ」を確認し合い、そして「どうすればこの〝よさ〟をもっとたくさんの人に知ってもらえるか」がテーマとなっていました。愛郷心を重視するため、「この地域＝よい」ということが前提になりがちなのです。しかし、もし地域を本気でよくしたいなら、悪いところにも目を配り、むしろ悪いところをどうやって改善していくかが議論されなくてはならないのではないでしょうか。

もちろん、地域学習を通して地域のよさや魅力を実感すること自体が悪いというわけではありません。それぞれの地域には、ユニークな自然、文化、歴史などがあり、それらについて知ることは大切だと思います。けれども、そうした学びは、郷土愛とはやはり切り離して行なわれるべきだと考えます。「プル要因」を強化して若い世代をこの地域に引き留めたいという気持ちは、地方の切実な現状をふまえると分からなくもないのですが、子どもたちの地元への向き合い方は多様であるはずですし、多様なままでなければならないのではないでしょうか。

日本のむらについての論考を多数発表した文化人類学者の故・米山俊直氏は、農村の過疎化については、農業が廃れるとか都市人口が過密化するとか日本の美しい自然が守られなくなるとか、あるいは妙にセンチメンタルに論じるなど、国や中央の都合や目線ではなく、もっと農村に住む一人一人を、たまたまそこに生きているなまなましい人間として重んじて議論しなくてはならないと言っています（米山　二〇〇三）。

「ふるさと教育」も含め、これまでの過疎化対策に、そのような視点があったでしょうか。地方の人も生きた人間です。かれらにも都会を選ぶ自由はあるし、地元をどう思うかについても個人の気持ちが尊重されるべきです。「田舎は田舎だからいい」なんて、なぜ思わなくてはならないのでしょう。都会との不平等・不公平を問わないまま、愛郷心で何とかしのぐのは、都会優位を暗に肯定していることにもなります。そしてそれは、地方の人間が自分たちを「田舎っぺ」と言う卑屈さに通ずる姿勢だと思います。

III　地域生活のなかで

第13章 子ども会——「地域で子育て」の現実

四年ほど前、私が住んでいる地域の子ども会が解散しました。少子化で地域に子どもがいなくなったからではありません。当時子ども会会員の子どもは、一応十数人はおり、解散直前の年度もラジオ体操やクリスマス会など、年数回イベントで集まるだけでしたが、子どもも大人も楽しく過ごしていたのでした。

解散という話が出たのは、年度の変わり目、つまり子ども会の活動を支える大人の組織の役員を決める時期でした。私たちの地域では抽選で役員を決めることになっていましたが、その抽選をするときに、だれかが「新年度から会員をやめます」と声を上げました。すると、それにつられるように何人もが「私もやめます」「じゃあ、うちもやめます」と続いたのです。

そうおっしゃった方々はその理由を明言されませんでしたが、子ども会が、大変な役員の仕事を引き受けるのに値しないと思われてのことだったというのは、おそらく間違いないでしょう。実際、習い事や課外活動で忙しく、子ども会のイベントになかなか参加できない子どもも何人かいましたから、そのような子どもの親は、役員までして子ども会に関わろうという気持ちにならないと思います。こうして何人もが子ども会退会を言い出して、最後には現役員だけが残ってしまい、現役員も新年度も続けて役員をしたくないという気持ちが強かったので、結局「それじゃあ解散しよう」ということになったのです。

より正確には、子ども会を支える大人の組織（育成会と呼ばれています）の解散であり、子ども自身が会員である子ども会の解散ではないのですが、私たちの子ども会は実質的には大人、というより子どもの親が、子ども会の主体となり活動を取り仕切っていましたので、大人がやめると言えばそれで子ども会はおしまいとなったのです。

じつは私は、解散直前年度の役員の一人でした。イベントは楽しいとはいえども企画や準備は大変で、公民館と連絡のやりとりもしなくてはならなかったので、正直なところ、もう役員はしたくないなと思っていました。今の地域に引っ越してきたとき、自分の子どもも地域のいろいろな子どもたちと友だちになれるとよいと思い、なんとなく子ども会に入会しましたが、役員の負担感はこのように強かったので、役員をするのが嫌だから子ども会から手を引きたいという人たちの気持ちはよく理解できました。実際、私も、「会員を続けます」と言う気には到底ならなかったのでした。

しかし同時に、子ども会をなくしてしまうことに悩ましさや後ろめたさも感じました。今日、「地域で子育て」をうったえる声が高まっています。その流れから言って、子ども会解散なんて決して望ましくない話だと思えたのです。

孤立する家族

確かに私たちの地域の子ども会では、子どもが自主的に仲間と役割分担しながら協力して活動するという理想を実現できていませんでしたが、それでも異年齢の子どもどうしが仲良くなる機会はつくっていたと言えます。また、子ども会のイベントを通して大人たちが、地域に住む子どもたちをよく知ることができたのもよかったと思います。こうしたさまざまな人びとの交流機会こそ、「地域で子育て」の実現のためには重要なのではないかと、子ども会解散を悔やんだのです。

そうなのです。そもそも「地域で子育て」という声が出てきた背景には、「孤立」への問題視があったのでした。かつて、アメリカの社会学者T・パーソンズは、近代家族を「孤立した核家族」と説きました。それは、産業や社会福祉制度が発達した近代社会では家族は夫婦だけの力で生活していけるようになり、たとえ支援が必要なときでも地域の人びとの力を借りなくても専門の機関や業者に頼めば何とかやっていけるということに注目させる議論でした。「孤立」と言っていますが、当時は「自立」という面が強調されていたのです。ところが、それがじつは脆弱であることがだんだんと分かってきました。家族の中で子育てをする人が孤独に悩んでいるという問題や、子どもが家族の中だけで育てられることによる問題（典型的には、親による子どもの虐待を、家族外の大人が早期発見したり防止したりできないという問題や、子どもが地域で犯罪や事件に巻き込まれてもまわりの人びとに助けてもらえないという問題）が認識されてきたのです。結果、やはり子どもやその親にとっては、いつも身近で見守り助けてくれる地域の人びととつながっていることが不可欠と考えられるようになったのでした。

なるほど、こうしたことをふまえると、地域の人びとを結びつけるきっかけを担っていた子ども会が解散したことは、やはり残念でした。しかし、今回私たちの地域が経験したように、地域の人びとのつながりや絆を強調すれば、今度はそれをまもるための義務が重荷に感じられ、嫌になる人も出てくるのです。そういう人を、非難したり、無理に引き留めたりできるでしょうか。地域の人びとの結合を強調することの難しさに気づきます。

では、地域には、人びとの結びつき以外にも、子育てするうえで重要な意義が他にあるのでしょうか。自分自身の子ども時代を振り返って考えてみたいと思います。

「場所」がつむぐ「私」

記憶をたどれば、地域の像がいくつも色鮮やかなカラー写真のように脳裏に浮かんできます。自宅を出てこっちの門を曲がるとよく吠える犬がいる家があって、その奥のほうは昼間でも暗くて不気味なところがあったとか、こっちに行けば友だちの家に行くときの秘密の近道があった

（今思えば、だれかの家の敷地を通っていたかもしれません）とか、あの側溝ではザリガニが捕まえられたとか、橋を渡ったところにはいつもきれいに花が植えられている家があったとか、頭の中で地図が開き、断片的ではあるけれど、場所のイメージ（画像）が次々と浮かんでくるのです。そういえば、これらの場所のイメージは、眠っているときに見る夢の中にもときどき現れる気がします。それほどまでに私の意識に深く刻み込まれ、その意味で私の一部になっているのだと実感します。

よみがえった場所のイメージから、そこでの体験も呼び起こされます。よく吠える犬が散歩の際に放されて怖い思いをしたこと、秘密の近道を発見してわくわくしたこと、よその家で植えられているきれいな花を衝動的にちぎってしまったことなど。それぞれの体験は、それ自体にたいした意味もなく、後の人生を大きく左右したわけでもありませんが、感覚や感情まで妙にはっきり思い出せます。私自身が地に足を付けて歩きながら得たものだからでしょう。私が自力で探検して得たものだからこそ、鮮明な画像と共に強烈に記憶されているのだと思います。私はそれらの記憶を宝物のように尊く感じます。

子どもがこれからの人生を生きていくうえで、こうした記憶をもてることは重要ではないでしょうか。自分の中に深く刻まれた「私はあの地域の、あの場所において、あの体験をした」という鮮明な記憶は、「あの地域の、あの場所において、あの体験をしたのは、他でもない私なのだ」という認識を生み出していると考えられるからです。こうした具体的な体験に基づくアイデンティティがなければ、自分のかけがえのなさについて理解することは難しいでしょう。

そう考えると、「地域で子育て」の意義は、地域という場所・空間にも由来すると言えるのではないでしょうか。子どもが自分自身を尊い存在として気づくためには、かれらが自分の足で自由に歩いて回れる「地域」という空間が大事だとも考えられるのです。言い換えれば、子どもには大人の干渉を受けず自由に動ける世界が必要で、それが子どもにとっては「地域」という、歩いて行ける範囲の比較的狭い場所になるのです。

哲学的には、場所（トポス）とは、アリストテレスも議論したように、古典的で重要なテーマです。それが現代において忘れられがちなのは、この社会が自由で自立した個人を前提にものごとを考えていることを示していると思います。近代以降、人びとは場所からどんどん自由になりました。地理的な場所だけでなく、地位や身分といった社会的な場所からも解放されました。しかし、各々の子どもが他でもない「私」として成長するには、地域という「場所」に依存しなければならないという逆説を、今私たちは認めざるをえないのです。

この場所を遊ぶ

前述したように、解散した私たちの子ども会は、活動が大人によってコントロールされていました。いつどこでどんなイベントをするかについての決定に子どもは関与せず、イベントが行なわれるのも大人の監督の下でした。もちろん、一緒に楽しい時間を過ごせて子どもたちも喜んでいたに違いないのですが、この出来事や体験自体が、何十年後でも目を閉じれば色鮮やかによみがえるほどに子どもたちの意識に深く刻み込まれるかと言えば、それは疑問です。そういう意味では、この子ども会では、やはりその意義を「交流」にのみ求めていたのだと思います。

「場所」の重要性をも意識した、地域の子どもの活動としては、近年全国各地に普及しつつある「冒険遊び場」が例に挙げられるでしょう（天野・大村　二〇一三）。これは、地域の自然の中で子どもたちが自分で遊びを見つけて創造する「冒険遊び場」をつくる活動です。遊び場には大人のプレーリーダーがいますが、その役割は監督ではなく、また準備や片づけでもなく、自分自身も遊びを楽しみそれを見せるなどして、子どもに遊びたいという気持ちを起こさせることにあります。私の地域でも、「プレーパークをあそぼう！」という呼びかけで子どもたちが大勢集まり、活動しています。プレーパーク（遊び場）「で」ではなく「を」というのが、子どもが地域の遊び場を主体的に開拓する点を強調していてよいなと思います。もしみなさんの地域の子ども会でも行き詰まりを感じておられるようなら、こうした活動も参考になるのではないでしょうか。

第14章　子どもと行く買い物――ショッピングモールvs商店街

子どもと行く買い物と言えば、平日の場合は仕事帰りに近所のスーパーでさっさと済ませる夕食の買い物を思い出しますが、時間のある休日はショッピングモールが人気です。少子化など嘘かと思えるくらいに、子どもづれ家族がたくさん集まります。

私が住んでいる地域でも最近、近辺にショッピングモールが増えてきました。ショッピングモールとここで言っているのは、千台以上も収容できる大型駐車場を備え、食料品や日用品だけでなく衣料、雑貨、書籍、電化製品、家具などのさまざまな小売店に加え、レストランやフードコート、映画館（シネコン）、アミューズメント施設、美容室やマッサージサロン、旅行代理店などといったものも入った商業施設のことです。たいてい、建物の真ん中に吹き抜けがあり、これらの店舗をぐるりと見回せるという構造になっています。その吹き抜けのある中央広場では、ときどき子ども向けイベントなどをやっていたりもし、空調のきいた快適なところで、ぶらぶらしながら何時間でも過ごせるので休日にもってこいなのです。今では全国各地に、このようなショッピングモールが点在しています。

車に子どもを乗せ三〇分ほど走ってそうしたところへ行っては、半日ほどその中を歩き回って過ごし、帰りがけに夕食の材料を買って帰宅するというのが、私の休日の買い物行動パターンとして定着してきました。ぶらぶら見て歩いて何かを買ったり、食べたり、遊んだりして暇をつぶしているだけなのですが、館内はおもしろそうないろいろなものであふれ、遊園地やテーマパークのような雰囲気を味わえるのが楽しいのです。

ショッピングモールが子づれ家族にとって魅力的な点は、もう一つあります。それはバリアフリーであることです。ショッピングモールには自家用車で乗り付けることができ、さらに各フロアはベビーカーのまま移動ができ、おむつ交換や授乳のためのスペースはもちろん、子どもの遊び場まであります。屋内ですから天候も関係ありません。思えば私は、子どもが赤ん坊だった頃から、子づれでショッピングモールによく行っていました。その理由はまさに、子づれでも行きやすく過ごしやすかったからです。

つまり、ショッピングモールとは、大人も子どもも、もっと言えばだれもが、同じように楽しめるところということになります。思想家の東浩紀氏らは、ショッピングモールのこうした性質に注目し、そこに「新しいコミュニティ／新しい開放性／新しい普遍性」の可能性を見出しています。従来型のコミュニティ、すなわち、日常的に顔を付き合わせて関わるために互いをよく知り仲間意識も強いが、「よそ者」に対しては閉鎖的なコミュニティ。それに対し、ショッピングモールはバリアフリーを追求し、だれに対しても開かれている。また、セキュリティ管理が行き届いた空間は、そこにいる人たちを安心させ、のびのびと歩かせてくれる。そして、どこのショッピングモールでも、だれに対しても分け隔てなく均質なサービスが受けられるという特徴は、まさにユニバーサリズム（普遍主義）である。格差社会の今日、ショッピングモールこそ、それを打破する理想型であるというわけです（東・大山　二〇一六）。

ショッピングモールでの共生

こうした主張は、都市化に伴う郊外化とモータリゼーション（自動車の大衆化による「車社会化）がショッピングモールなど大規模小売店をあちこちにつくり出し、そのために「顔の見える」地域コミュニティが失われていったという、よく聞く説明に対して挑戦的です。なるほど、言われてみれば私たちは、「日頃からの対面的な関わり合いで形成される相互扶助や共同意識によって人びとをしっかり結びつけるコミュニティ」のほうが、「個人の自由や欲求の追求を強調し人びとをバラバラにしていく都市化・産業化、あるいは近代化」よりもあたたかくて望ましいもの、そして子どもが育つ環境としてもよいものと考えがちです。この図式では、ショッピングモールは後者（近代化）を象徴する「悪者」になるのです。

しかし、ショッピングモールを利用していると、はたして、ショッピングモールは、むき出しのエゴイズムと利便性追求の合理主義が蔓延した索漠としたところなのだろうか、疑問に思えてきます。人びとをバラバラにするどころか共生を促しているように感じることがしばしばあるからです。たとえば、小さな子どもたちは（たとえ大人に誘導された行為であっても）館内の「きかんしゃトーマス」型カートを他の子どもと譲り合って使ったり、遊び場コーナーで知らない子どもと一緒に楽しく遊び出したりします。大人だってフードコートではたいてい、他人との相席をいとわずランチを食べ、後から来る人のためにテーブルをきれいにしてから退席します。また、レジやトイレでは、われ先にと他人を押しのけるのではなく「フォーク型並び」を守ります。みんな、一緒の空間にいる他の人たちのことを考えた行動をとっているのです。

不思議なことに、同じように大勢の「あかの他人」が出たり入ったりする駅や繁華街などに比べ、ショッピングモールではとくに公共マナーが浸透しているような気がします。それは、子ども同伴の人が多いからかもしれません。子どもの前では親は変なことはできないのでしょう。とすれば、ショッピングモールは、親子が他者と心地よく共生することについて実践的に教える、あるいは学ぶ場であると言っても過言ではないかもしれません。

しかし、そうは言っても、ショッピングモールにおける他者との相互作用はつねにその場限りで、互いに終始匿名のままであるという点も無視できません。フードコートで相席の人と会話する関係になったとしても、その場を出たら「知らない人」に戻ります。ショッピングモールによく行くからといって、店員に馴れ馴れしく話しかけてもらうことを期待している人はほとんどいないでしょう。そもそも、そこにいる店員はいつも同じ人ではなかったりもします。また、遊び場コーナーのボールプールで仲良く一緒に遊んでくれた子どもがいても、名前も知らないままで、また会ったとしても互いに覚えてはいません。要するに、かけがえのない「○○ちゃん」「○○くん」ではないのです。そういう人を私たちは友だちとは呼ばないでしょう。

そう考えると、やはり親子がショッピングモールばかりで過ごす状況は、なんともさみしく感じます。都市化が進み、かつての地域コミュニティが衰退し、顔の見える人間関係は今や家族と友人だけになったと言ってもよいかもしれません。地域には、異なる背景・属性をもつ多様な人たちがいるという、家族や友人にはない特徴があります。それらの人たちと顔の見える関係、かけがえのない○○さんとしての付き合いを築きにくくなったというのは残念なことです。ないものねだりになるのですが、私たちにはやはりそれも必要だと思うのです。

濃いつきあい、淡いつきあい

とはいうものの、だからと言って、単純にかつての地域コミュニティの復活が望まれているかと言うとそうではないようです。NHKが全国の一六歳以上の国民を対象に五年ごとに行なっている世論調査によれば、「なにかにつけ相談したり、たすけ合えるようなつきあい」を近隣に望む人の割合は、初回調査の一九七三年の三五％から下がり続け、現時点で最新の二〇一三年では一八％とそれまでで最も少なくなりました。一方で、「会ったときに、あいさつする程度のつきあい」を望ましいと考える人は二〇一三年が最も大きく、二八％でした（NHK放送文化研究所二〇一四）。近隣付き合いは、あっさりと表面的なものでよいという傾向は、ますます強くなっています。顔の見える地域コミュニティが衰退したことを嘆き惜しむと同時に、べったり密接に関わる近隣関係を疎ましいと思うのが、現代人の正直な気持ちのようです。

とすれば、そんな私たちにちょうどいいのは地域の商店街なのかもしれません。顔の見える関係をもつとしても、買い物に行くときだけでよく、隣人ほど頻繁に会わなくても済みます。そして、買い物に行くか行かないかはこちらが決められる上に、買い物の用が済んだらそれ以上の付き合いがありません。当然、自治会や町内会のような義務的な付き合いとも無縁です。これとて限定的な関係と言えばそうなのですが、名前も顔も知らない大勢のいろいろな人たちに同じように楽しんでもらうことを目的とするショッピングモールとは違い、地元で商売をしている商店街は、地域のお得意様を特別扱い（ひいき）してくれます。

地域の商店街（と呼べるほど店が建ち並んで営業しているところは減り、かつて商店街だったところに今もがんばっている店が数軒あるぐらいのものであることも多い）では、何回か来店するうちに店の人に顔や名前を覚えてもらって、店に入ると向こうから挨拶されることがあります。子どもと一緒ならなおさらで、子どもは「学校、どう？　サッカー、がんばってる？」とか「また背が伸びたねえ」などと声をかけられます。親としては、わが子が特別に思ってもらえているように感じ、嬉しくなります。

子どもも自分のことを覚えてもらっているのは気持ちがいいようです。わが子が五歳になるかならないかの頃、そうやって顔なじみになった肉屋さんで彼はいつもはりきって、「コロッケ、三個ください！」と自分一人で注文しお金を払うという仕事をすすんで引き受けたことを思い出します。その店の人には、もっと自分を、成長した自分を、知ってもらいたかったのでしょう。人というのは年齢に関係なく、だれかに「他のだれでもない、かけがえのない私」として受け入れてもらえると、いきいきしてくるものです。子どもの育ちにとってそれが有意義であるのは言うまでもありません。

ユニバーサルなショッピングモールも、顔の見える地域の商店街も、親子の暮らしを応援してくれる強い味方です。結局、濃いつきあいも淡いつきあいもある社会が生きやすいということですね。

第15章 公園――「安全」によって失うもの

暖かくて天気がよい休日に公園へ出かけると、たくさんの子どもたちが遊びに来ています。今も昔も公園は子どもの集まる場所、やっぱり公園には子どもがよく似合います。

ただ、私が子ども時代によく遊びに行った公園は、今の子どもたちが遊んでいる公園とは違います。かつての公園は、児童公園（一九五六年に制定された都市公園法施行令で「もっぱら児童の利用に供することを目的とする都市公園」として設置されたもの。同施行令はその後改正され、現在は街区公園と名称が変わっています）、あるいは児童遊園（児童福祉法で規定されている児童厚生施設の一つで、児童公園とは設置の法的根拠は違うにしても、形の上ではほとんど変わりません）と言われるものです。

それらが設立された昭和三〇年代〜四〇年代、日本では自動車の交通量が急激に増え、それに伴い交通事故も増えたのでした。とくに子どもが交通事故で死亡するケースが相次ぎ、深刻な社会問題となりました。道端で子どもが遊ぶのを防止するために安全な遊び場づくりが必要だということで整備が進められたのが児童公園でした。その整備推進への国の力の入れようはかなりのもので、一九七二年に策定された「都市公園等整備五箇年計画」では、児童公園は人口一万人あたり三か所とするという目標が立てられるほどでした。

児童公園の思い出

交通事故から子どもを守るために公園をつくるというのは、これまでは道路や空き地で自由に遊んでいた子どもたちを——路上での「けんけんぱ」やゴム跳び、土管のある空き地は、昭和三〇年代の子どもたちを描く際に必ずと言っていいほど登場する光景です——、安全な公園という大人がつくった場所に囲い込むということでもあります。公園は、道路や空き地の代替品として用意された広場だったのでした。すでに私が小学生の頃は、屋外の子どもの遊び場はもっぱら公園となっていました。道路や駐車場など、危ないところで遊んだ経験もないわけではないのですが、大人たちに怒られるので、そういうところではあまり遊びませんでした。

けれども、公園だって、私たちには十分楽しいところでした。どの公園も鉄棒、滑り台、ブランコ、砂場ぐらいしかなく、それらも小学校高学年ほどになれば物足りない遊具でしたが、子どもは次々と遊びを考え出すことができたので、まったく平気だったのです。

たとえば、滑り台では、下から這い上って上にいる人の手足をつかんで引っ張り下ろす「ワニごっこ」で盛り上がりました。危ないから学校では禁止されたのですが、キャーキャーと騒いで楽しんでいたのを覚えています。また、公園には鉄製遊具が多いので、鬼ごっこに、鉄に触れていれば捕まらないというルールを付け加えた遊びもよくやっていました。さらには、普通の鬼ごっこやかくれんぼではつまらないので、ヒーロー役や悪役、悪役に捕まる子どもの役などを設定し、ドラマ仕立てでそれらを進めたりもしました。遊んでいるうちに、「こうしたほうがもっとおもしろい」と新しいアイデアが浮かんでくるので、遊びはどんどん変形していくのです。友だちが弟や妹を連れてきたときには、年齢差が勝敗を左右することのないよう小さな子にハンデを与え、みんなが楽しめるように自分たちで工夫もしていました。私たちは公園に囲い込まれたけれども、公園の中では自由に子どもの世界をつくっていたのでした。

私にとってはこのように楽しい思い出がたくさんある児童公園ですが、最近はあまり人気がないようです。狭いし、遊具も少ないうえに古くさくて、どうも魅力に欠けるのです。地域の子どもの数が減っていることも影響し、すっかり寂れているところも少なくありません。近年では、こういう人気のない公園は、犯罪が起こりやすい危険箇所として警戒されたりするので、ますます子どもたちの足が遠のいているようです。

快適で安全な総合公園

一方で、わが子がよく遊ぶ公園は、総合公園や運動公園、あるいは近隣公園や地区公園と呼ばれる、児童公園（街区公園）より大きめの公園です。こちらには人が集まっていて、とくに休日

総合公園の遊具「古の城」

は大勢の子どもや大人で賑わっています。これらの大きな公園は、ターザンロープや大型・複合型遊具、足こぎボートやゴーカートといった遊び道具をいろいろ備えており、ブランコや滑り台ぐらいしかなかった児童公園とは比べものにならないくらいに設備が充実しています。広いのでボールを思い切り蹴ったりもできるし、自転車やローラースケートを乗り回したりもできます。とにかく、遊びのメニューが豊富に提供されていて、とても魅力的なのです。

また、駐車場があったり、ベビーカーを押していても動きやすいように舗装された散歩コースがあったり、トイレもきれいでバリアフリーだったりと、快適さや利便性の点でも圧倒的に私がかつて遊んだ児童公園に勝っています。こういう公園があれば、小さくて古くて寂れている児童公園など、もう用はないとさえ思えてきます。公園の役割も、時代の流れとともに変わっていくのでしょう。実際、交通事故の数も子どもの数も減ってきている今日では、公園の整備目的も車から子どもを守るためとか、子どもの健全な育成のためとかといったことよりは、防災のためとか、老若男女問わずすべての市民の多様なレクリエーションのニーズに応えるためといったことのほうが強調されるようになっています。

わが子にとって公園とは、これらの広くて快適な公園のことでしょう。とはいえ、そうした公園が子どもにとってどれだけ身近なのか、またどれだけ自分の世界になっているのかと問えば、おそらく私がかつて児童公園に対して感じていたほどではないのではないかと思います。

大きな公園が家のすぐ近所にあるという子どもはそんなにいないので、少なくとも小学校低学年までは、公園で遊ぶときには車で、あるいは公共交通機関を使うにしても子どもだけではおぼつかないということで、親に連れてきてもらう子どもが多いでしょう。親も忙しいから、毎日公園に遊びに行ける子どもなど——「公園デビュー」したばかりでママ友づくりに熱心なお母さんたちの子どもでもないかぎり——ほとんどいないでしょう。

それに、連れてきてもらうことが前提になると、そもそも子どもだけでそこへ遊びに行くことを決定することができません。結局、行くかどうかは親が決めることになり、さらには、友だちを誘う場合でもその友だちの親の都合が関係してくるので、親どうしが連絡を取り合って決めることにもなりがちです。そして、子どもどうし勝手に遊ばせておくことができる年齢になっても、どうせまた迎えに来ないといけないからということで、公園に子どもを連れて行ってそのまま、子どもが帰るときまで居残る親も結構います。私も、そうやって送迎のため公園に残り、子どもたちが遊んでいる間、他のお母さんたちと一緒にベンチに座って子どもの遊びを見ていました。このように、私たちの子どもの公園遊びは、親の許しや見守りのある中で行なわれています。

遊びの内容だって、あまり自由でないかもしれません。大きな複合型遊具は、上ったり降りたり渡ったりくぐったり、それだけでいろいろな遊びを楽しめるため、その分、創意工夫の必要に駆られることが少ないでしょう。「ワニごっこ」などわざわざ編み出さなくても、十分スリリングで、しかもすぐには飽きないように、遊具にたくさんの仕掛けが凝らされているのですから。よく見れば、古の城だとか森の王国だとか、遊具には何らかのコンセプトがあったりします。ご丁寧に、この遊具はこういう世界観をもってこう遊べと教えてくれているようです。

白い画用紙か、ぬり絵か

遊び場が路上や空き地から児童公園になり、そしてより広くてアメニティが充実した公園になっていくという流れの中で、安全性や利便性は拡大してきたものの、遊びの創造性は減少してきています。遊び場の多義性や多用途性が減少したとも言えるでしょう。何もない空き地はどうにでも意味づけられ、どうにでも遊ばれました。児童公園の滑り台は質素で単純な作りだったので、子どもたちによって「ワニが襲ってくる孤島」などと新たな意味が与えられる余地がありました。今は、「ここは散歩用の道です、ここはミニバスケをする場所です、この遊具はこうして遊ぶものです」などと、最初から決まった意味が与えられたものだらけになっています。こうして多義性を奪ってきている大人たちはそれでも飽き足らず、花壇の花が枯れたら入れ替えよとか、見通しを悪くする木は切ってしまえとか、さらに一層公園に干渉しようとしています。

公園で友だちと遊んで帰ってきたわが子が言いました。「サッカーした後、ぼくたちが缶蹴りしようって言ったら、他の子たちがゲームのほうがいいって。それで、みんなバラバラに遊んだ」。公園で各自持って来た携帯型ゲーム機で個別に遊ぶ子どもの姿は、今日では別に珍しくありません。ゲームこそ、大人によって与えられた世界観の中で遊び方を指示されて遊ぶものの典型でしょう。受け身の遊びに慣れてしまった子どもたちにおいては、みんなで一緒に遊ぶ方法を自分たちで考えてつくり出そうという気持ちはあまり起こらないのかもしれません。結局バラバラに遊んで、それでも「楽しかった」と言うわが子に、私は「公園の遊びというのはそういうものじゃない、みんなで一緒に遊ばないとおもしろくない」と説きました。しかしこれもまた、子どもの遊びをコントロールしようという大人のエゴと言えるかもしれませんね。

白い画用紙か、ぬり絵か――子どもの遊び場の変容は、お絵描きに喩えるとその違いについての話になるでしょう。ぬり絵が楽しいのも分かりますが、白い画用紙に自由に描くのもおもしろいものです。そんな遊びの喜びを経験しないのはもったいないないなあと思うのです。

第16章 よその子ども――「えこひいき」されたケア

子どもは父親・母親だけでなく、地域のさまざまな人たちによって育てられるのがよいという考えがあります。こうした「地域のみんなで子育て」は、親たちの子育て支援という点からだけでなく、子どもの健やかな育ちという点から見ても大きなメリットがあるとして推奨されています（第13章参照）。私自身もこれは大切なことだと考えます。ただし、それを実現するためには、個々の大人が、自分の子どもだけでなく、よその子どもたちの健やかな成長にも関心をもつことが鍵となります。つまり、「地域のみんなで子育て」は、地域の大人たちがどの子どもも自分たちの地域の子どもとして大事に思うことが前提になるのです。しかし、この「地域の子どもは私たちの子ども」は、口で言うのは簡単なのですが、じつはなかなか難しいのです。

そのことを実感したできごとがあります。私は、子どもの小学校のPTAが企画した交通安全指導の活動に参加したことがあります。これは、年に数回だけなのですが、登下校時間に黄色い横断旗を持って横断歩道前に立ち、子どもたちが安全に道路を渡るのを見届けるという、いわゆる「緑のおばさん」みたいな活動です。私自身、ふだんはPTA活動には積極的に参加していないのですが、地域の子どもたちとふれ合うチャンスだと思い、はりきって参加しました。

そして迎えた当日、私は横断歩道を渡る子どもたちに「おはようございます」「行ってらっしゃい」「気をつけて渡ろうね」などと明るく声をかけました。「地域の子ども」という気分で、親しみを込めて挨拶したのでした。けれども、大部分の子どもたちからは何の返事もありませんでした。私に声をかけられた子どもたちは、恥ずかしそうに下を向いたままであったり、無視して友だちと会話しっぱなしであったり、聞こえていないかのように前だけを向いて早歩きしたり、まったくつれない態度を示しました。これには、本当にがっかりしました。けれども、よく考えれば、子どもたちからしてみれば私は「知らないおばさん」ですから、やむを得ないとも思いました。私だって、安全指導の立場でなかったら道で会ってもかれらに挨拶などしなかったでしょう。そう気づくと、声かけするのがわざとらしいというか、不自然に思えてきて、私の挨拶や声かけは次第にトーンダウンし、形式的で機械的になっていきました。

けれども、わが子のクラスメイトなど、顔や名前を知っている子たちの場合は違いました。かれらとは、挨拶のやりとりもあり、信号待ちのわずかな時間でも会話したりしました。昆虫を学校に持って行くのだと言って箱の中の昆虫を見せてくれる子どもや、その日の学校の時間割について話してくれる子どもがいました。私の「行ってらっしゃい、気をつけてね」の声もそれまでより自然で、心がこもっていました。明らかにかれらは私にとって特別な子どもと映っていました。

よその子を叱れるか

顔なじみの子に対してなら、身内のような親しい気持ちで関われたのに、地域の子であっても互いに見ず知らずなら、不自然な関わりか、よそよそしい関わりしかできなかった…。このような経験をして、互いに共感や仲間意識をもたない関係にある子どもに対して「地域のみんなで子育て」をどうやって実現するのか、あらためて深く考えさせられました。

そのとき、私自身も実施や分析に関わった、島根県隠岐の島町と神戸市東灘区の二地域の三〇～四〇代の男女を対象にした意識調査のことを思い出しました（野々山編　二〇一二）。この調査では、「よその子どもでも、悪いことをしているのを見たなら、大人としてきちんと叱るべきだ」という考えについてどう思うか尋ねています。結果は、隠岐では九五・七％、神戸では八六・八％がこの考えを肯定していました。数値は一〇ポイントほどの開きがありますが、離島の小さな町であれ、大きな都市であれ、悪いことをしているよその子を叱ることについては、子育て世代の大多数が大人の義務として捉えていたのでした。よその子に対しても無関心であってはならない、しつけを含め「地域のみんなで子育て」に関わるべきだという規範が広く浸透していることがうかがえます。

では、実際にそういう状況に自分が直面した場合、叱ることができるのか。調査では、その点について尋ねていました。中学生が喫煙しているのを見たとき、あなたはその中学生を叱れるか、それとも叱れないか、「話したことがある近隣の中学生」「顔を知っているが話したことがない近隣の中学生」「まったく知らない中学生」と、親密さの程度別に質問したのです。

その結果、隠岐でも神戸でも、問題の子どもとの関係が遠いほど、叱れるという回答は減り、叱れないという回答が多くなりました。話したことがある近隣の子なら、隠岐では八八・〇%、神戸では七六・一%が叱れると答えたのに、まったく知らない子の場合は、隠岐では七七・五%、神戸では九四・五%が叱れないと答えたのでした。比率には地域差が出ているとは言え、結局、都市でも農村でも、大人たちはよく知っている子に比べて知らない子には、その子のための行動ができない傾向があります。だれかのために何かをすること、つまりケアすることは、自分の身内や仲間と認識される相手でないと難しいということでしょうか。

コミットメントに基づくケア

もちろん、倫理的に意識が高ければ、仲間意識をもたない他人にもケアは可能なはずです。経済学者のアマルティア・センが言ったように、他者へのケアは、共感に基づくものとコミットメントに基づくものがあります。共感に基づくケアとは、相手の痛みは自分の痛みとして、つまり自分のために相手を助けたい、サポートしたいと思う気持ちに関するものです。したがって、相手をケアすれば自分も楽になります。それに対し、コミットメントに基づくケアとは、相手が苦しんでいることがとくに自分の痛みにならないとしても、それが不当なことだと考えられるなら相手を助けなければならない、サポートしなければならないという義務感に由来します。ここでは、共感によってケアする場合とは異なり、相手をケアしても自分にメリットはありません。つまり、コミットメントは、公平、平等、正義といった点から自分はどうするかを問うものなのです。共感が、相手の問題を自分の問題として捉えること、つまり相手と自分の一体化を求めるのに対し、コミットメントは、相手の状況を客観的に判断することを要します。見ず知らずの他人に対しては、共感に基づくケアは難しいけれども、コミットメントに基づくケアなら可能だということです。

私が参加した交通安全指導のような活動は、知っている、知らないに関係なく、地域の子ども全員のために行なわれる活動です。知らない子に対しては、共感が不可能であってもコミットメントによって、その子どものために行動する（この場合、子どもの安全を見守る）ことが求められます。地域の子どもはみんな平等だ、どの子どもにも地域の大人たちにケアされる権利があるという考えに基づいて、知らない子どものために行動しているわけです。私自身も、挨拶のやりとりもきちんとできない、知らない子がいたからと言って、その子の見守りを放棄したわけではありません。けれども、実際それは、顔なじみで会話もできた子どもの場合と比べると形式的で、心の通っていないものになっていました。両者へのケアは、それぞれ同じものとはとても言いがたいものでした。やはりコミットメントに基づくケアは、共感に基づいたケアに勝てないということを思い知った次第です。

さらに、コミットメントは、PTA活動のような公的あるいはフォーマルな場なら促されやすくても（さすがにそのような場ではだれでも、「この子はケアするが、あの子はケアしない」と、不公平や不平等をあからさまに示しにくいでしょう）、たまたま見かけた喫煙する子どもに対するケアといったような、より個人的でインフォーマルな場面では、ほとんど見られないのかもしれません。まして、交通安全の見守りと違って、叱るという行為は、いくら相手のためだとはいえども、信頼関係が成立していない相手でなければ、やりにくいものです。そのようなケアは、そもそもコミットメントでは解決しにくく、共感に依存するものなのかもしれません。

共感に基づくケア

となると、結局、コミットメントは共感の代替物にはなりえないのではないでしょうか。子育てをはじめ、ケアは、平等や公平を掲げるだけでは十分ではないのです。自分にとってかけがえのない子、他のだれでもない特別な子のためのケアも不可欠なのです。「えこひいき」されたケアとでも言っていいでしょう。そして、そのようなケアこそ「地域のみんなで子育て」で期待されているケアなのではないでしょうか。「地域」がキーワードとなるのは、日常的に顔を突き合わせる関わりを通して「身内」になる可能性を強調するためなのです。

そうであれば、知らない子どものような「他人」は、もとから「地域のみんなで子育て」の対象には入ってきません。それでいいのか、という反論の声が聞こえてきそうですが、「地域のみんなで子育て」の担い手は私一人だけではありません。個々の大人にそれぞれ共感できる子どもが何人かいれば、地域の子ども全員をカバーできるはずです。

ちなみに前述の調査では、「顔を知っているが話したことがない近隣の中学生」のような中間の距離にある子どもの場合、叱れるという答えは隠岐では五一・三％、神戸では一七・一％で、より大きな地域差が表れました。こうした地域差は、「地域の子どもは私たちの子ども」の範囲をどこまで広げられるかは可変的・流動的であることを示唆しています。共感の範囲は、努力によって広げられるのではないかという希望がわいてきます。

第17章 野良猫問題と子ども――「いろいろ」がある世界

♪お魚くわえたドラ猫　追っかけて　素足（はだし）でかけてく　陽気なサザエさん

（作詞：林春生）

アニメ『サザエさん』主題歌の歌い出しです。子どもから大人まで、多くの日本人が口ずさめるほど有名なフレーズですが、ドラ猫＝野良猫が家に入ってきて食べ物を失敬していくなんて、今の子どもたちにはたぶん考えにくい光景でしょう。今日では家で飼っていないかぎり、猫を近くで見たり触ったりする機会もめっきり少なくなっています。けれども、この曲ができた頃は（アニメ放映開始は一九六九年）、猫は近所をうろうろ歩き回っており、勝手に家の中に入ってくることも珍しくありませんでした。というより、二〇年ほど前までは、田舎町でなくても猫は――野良猫であれ飼い猫であれ――外をよく出歩いていて、よその家の庭先などでのんびり寝ていたりしたものでした。

もちろん、猫がゴミをあさったり庭で糞をしたり、繁殖期に変な声で鳴いたりするのは昔から嫌がられていたとは思いますが、「猫とはそういうものだ」という認識があったためか、猫嫌いの人でも「しっ、しっ」と言って追っ払うだけでした。なかには猫に水をかけたり、ほうきを持って追い回したり、手荒なことをする人も見かけましたが、猫が逃げてしまえばそれで終わりです。猫のほうも、「私だってここの住民だ」と言わんばかりに堂々と路地裏や家々の間を行き来していました。私が子どもの頃、そんな光景は普通でした。たまに父親が、家に来た野良猫にちくわを与えたりしていたのも見ました。そうやって人間と猫は、どうにかこうにか共棲していたのです。

社会問題になった野良猫

ところが、いつ頃からか、外に猫がいるということが、人間による迷惑行為の結果として捉えられるようになりました。人の迷惑になっているのにもかかわらず、猫の外歩きを許しているとして、飼い主が非難されるようになったのです。野良猫にエサを与える人も、野良猫を増やしているとして迷惑がられるようになりました。今や外にいる猫は、その存在自体が「社会問題」なのです。それを解決するため、社会で迷惑行為防止のルールを作り守っていくことが呼びかけられていきます。

二〇一〇年に環境省は、一般市民の参考用として、「住宅密集地における犬猫の適正飼養ガイドライン」を発表しました。それによると、屋外は危険が多いだけでなく、「地域住民にふん尿で迷惑をかけ」てはいけないから、猫は「室内で飼うのが基本」だということです。飼い主のいない猫については、「無責任なエサやり」や「みだりな繁殖、ふん尿による被害」を避けるため、「地域猫」活動を通して「これ以上数を増やさず、一代限りの生を全うさせる」こと、すなわち「将来的に飼い主のいない猫をなくしていくこと」が述べられています（環境省　二〇一〇）。

京都市では、さらに踏み込んで、二〇一五年に「京都市動物との共生に向けたマナー等に関する条例」を制定・施行しました。この条例では、他人に迷惑をかけないために、猫を屋外に出さないよう努めることを所有者等の責務とし、飼い主のいない猫などにエサを与えることについては市長が基準を作り守らせることができる（守らなければ罰金）としています（京都市　二〇一五）。

こうしたガイドラインやルールが作られるようになり、日本の多くのまちでは、近所をぶらつく猫は少なくなってきました。たまに野良猫を見かけても、公然とそれにエサをあげたりすることははばかられるようになりました。公園やバスの待合所にも、「野良猫にエサをあげないでください」「野良猫を中に入れないでください」といった張り紙がしてあります。外にいる猫にシンパシーを示すことは、だれか分からないけれど〝他人様〟に迷惑をかけることにつながるということなのです。

大人の責任、子どもの責任

ところが、子どもたちはそうしたことはお構いなしです。何が正しいか、何をなすべきかについての判断基準は、大人と子どもでは違うのです。腹を空かせた野良猫がいれば、大人は「かわいそうに…」とは言ってもエサをあげるのは躊躇《ちゅうちょ》しますが、子どもは何のためらいもなくエサをあげたがります。そんな子どもを大人は「無責任なことをしちゃいけない」と注意します。しかし、子どもは意味が分からないという顔で大人を見つめ返すでしょう。大人は、まわりの人たちや社会に対する責任を問題にしているのですが、子どもは、目の前の弱った小さな生き物に対する責任を考えているのですから。

わが子も、そのような子どもの一人です。ある日、一緒に近所を歩いていると、まだ生後一カ月も経っていないと思われる野良の子猫が、道路に立ち往生して車に轢《ひ》かれそうになっていました。まわりにいた大人たちも気づいていましたが、どうしようか困っていました。そこへわが子が走っていき、子猫を拾い上げたのでした。病気に罹《かか》っていて、両目も開かず衰弱しきっていたので、私は「拾っても、もうどうしようもない。すぐに死んでしまう」と思ったのですが、わが子は「どうしても助けたい、放っておきたくない」と言って聞きませんでした。

こういうストーリーは、よく見聞きするものです。子どもは、弱っている生き物を目の前にすると、どうしても放置できないようです。思えば私も小学生の頃、道端に捨てられていた子猫を見つけ、放っておけなくなって家に連れ帰ったことがあります。しかし、親に「うちでは飼えない」と言われ、泣く泣く返しに行ったことを覚えています。子どもは、後先のことをよく考えていません。ましてや家族などまわりの人たちに対する配慮など、全然ありません。わが子の場合も、「助けたい」と言うけれども、動物病院の治療代を自分では払えないということを考えていませんでした。また、命を助けた後どうするかも、動物を飼うことがどういうことであるかもよく知らないくせに、いとも簡単に「家で面倒をみる」と言い張りました。とにかく子どもの心中は、ただ、「死にかけている子猫を助けなければ！」という思いだけなのです。それこそ、かれにとっての「責任」なのです。

社会に対する責任を説く大人は人間しか見ていないのに対し、子どもは小さな動物の命まで尊いものとして、責任をもって守らなければならないものとして見ているのです。大人が生きている世界とは、子どもたちが生きている世界に比べ、なんと狭いものでしょう。大人の考える世界は人間のみの社会です。つまり、大人の世界は、子どもの世界よりも「いろいろなものがいない」のです。

いろいろなものがいる世界

子どもが生きている世界には、本当にいろいろなものが存在しています。外を歩いていると子どもは、急に立ち止まり、アリやダンゴムシの動きをじっと見つめます。そして、食べ物に近づこうとするそれらの虫を「がんばれ、がんばれ」と応援します。セミやスズメなどの死骸が落ちているのを見つけると、お墓を作ります。野良猫を発見したときには、珍しさのあまり大興奮です。人間に驚いた猫はダッシュして逃げますが、子どもたちは「触ってみたい！」と大はしゃぎで追いかけていきます。動物や虫だけではありません。木や草花、石ころまでもが、かれらが生活する世界にはしっかり存在し、はっきり見えていて、そして自分がいるこの世界を構成する要素として尊重され、敬意が払われているのです。

いろいろなものがいる世界は、わけが分からないカオスの世界のように見えるかもしれませんが、何が出てくるだろうという期待でわくわくさせる、とても豊かな世界とも言えます。つまり、好奇心や冒険心、遊び心を促す世界です。人というのは、そうした豊かな世界においてこそ、自分がこの世界で生きている喜びやおもしろさ、ひいては生まれてきた甲斐というものを実感できるように思います。私たちも幼い頃はそうした世界にいたのでしょうけれど、いつの間に「いろいろ」を失ってしまったのでしょうか。

加えてもう一つ言うなら、大人が見ている「人間しかいない世界」でさえ、大人はどれだけそれらの人間たちの多様性、つまり「いろいろ」を享受、あるいは尊重しているでしょうか。おそらく「いろいろ」はどんどん否定されてきているようにさえ思います。「第18章　公共空間と子ども」においても触れますが、近年、人びとの間では、無責任で迷惑をかけている人が増えているという認識が強まっており、自己中心的な行為で他人に迷惑をかけてはいけないということが一層強く訴えられるようになってきました。めいめい、自分の自由ばかり主張するのではなく、他人にも配慮しなければならないという考えに基づく意見です。猫の外歩きを禁止し野良猫をなくすためのガイドラインや条例も、こうした考えから生まれたものと言えるでしょう。しかし、「お互いに迷惑をかけない」を徹底的にすれば、自分と他の人間との間に潜在している差異の可視化や顕在化が阻まれます。その結果、「いろいろ」が存在することができなくなります。

大人たちにおいては、そのような「いろいろ」がない世界のほうが生きやすいとされているようですが、果たしてそうなのでしょうか。私には、だれかが助けなければ死んでしまいそうな弱いものの存在に気づき、その痛みを理解し、手をさしのべる人が大勢いる世界のほうが、だれにとっても生きやすい世界のように思えます。そういう優しい態度は、「いろいろ」がある世界で、生を享受できているからこそ可能になるのではないでしょうか。そう考えると、あらためて、子どもはすごいなと思います。

さて、最後に、わが子が拾った猫のその後について一言補足します。タマと名付けられたその猫は、病気を克服してすっかり元気になり、今ではわが家の一員、というより女王様のようになっています。

わが子が拾った猫のタマ

第18章 公共空間と子ども——子どもお断りの場所？

数年前、国内線の飛行機に乗っていたときのことです。着陸が近づき、飛行機の高度が徐々に下がってきた頃、どこかの座席で幼児がぐずり始めました。次第に泣き声は大きくなって、一緒に乗っているお母さんと思われる人が焦りながら「よしよし、大丈夫、泣かないで」と子どもをなだめている声も聞こえてきました。私はなんだか他人事とは思えず、少しそわそわして「早く着陸すればいいけど…」とお母さんに同情して心配していました。私のまわりの他の乗客の中にも同じ思いがあったのか、「ちっちゃな子、かわいそうにね、耳が痛いのかも」とか「大変だね」とかヒソヒソ声が聞こえました。やがて子どもの不機嫌はピークになり、泣き声がさらに高くなりました。と、そのとき、どこからか、「うるさいっ！　早く静かにさせろ！」という大人の男性の怒鳴り声が響き渡ったのです。

一瞬、機内はその怒鳴り声で凍り付いたようになりました。泣いていた子どももびっくりしたのか、泣き声のボリュームを下げました。先ほどまで私語をしていた人たちも静かになり、しーんとなりました。それからだれも口をきかないまま——その子どもは泣いたまま——、ほどなく飛行機は目的地に到着しました。着陸したら機内はまた騒がしくなったのですが、私は何とも言えない嫌な気持ちになって飛行機を降りました。

ちょうどその頃、インターネットでは、飛行機の中で泣きわめく見知らぬよその赤ちゃんにイライラして発作的にその親や航空会社にクレームを申し立てた人の話が話題になっていました。乳幼児を連れて飛行機に乗る親の気が知れないとか、乳幼児は搭乗禁止にすればいいとか、そういった書き込みがあちこちに見られました。私が飛行機の中で見たものは、「子どもの泣き声に対して世の中は、こんなにも不寛容だったろうか？」と考えていた矢先の出来事でした。「まさしく、このことね」という思いに至り、当時、調査研究のため子どもづれで国内外を飛び回っていた私としては、悲しい気持ちになりました。それと同時に、その怒鳴り声にだれもが黙り込み、反論というか、まったく声が上がらなかったことも気にかかりました。

私も何も言わなかった一人なのですが、怒鳴った人に賛成だったから声を上げなかったのではありません。おそらく他の人たちの多くもそうだったと思うのですが、「凍り付いた」と述べたように、怒鳴り声に萎縮してしまったのです。泣いている子どもやそのお母さんの味方になって何か言えば自分も怒鳴られ非難されるかもしれない、この問題には関わらないほうが無難だ、といった空気がさっと流れたのかもしれません。もしそうだとすれば、私たちは怒鳴られた親子を孤立させてしまった責任を負うことになるでしょう。そう考えると、また嫌な気分になりました。

子どもお断りの論理

そう言えば、私も子どもづれで入ったレストランで、子どもの声がうるさいと他のお客さんから怒鳴られたことがあります。当時わが子は未就学児でした。そこで泣いたり騒いだりしていたわけではないのですが、声のボリュームを落として会話することができず、静かにくつろぎたかったお客さんには迷惑だったようです。ムードを売りにしたレストランに小さな子どもを連れて行ったらどうなるか、深く考えていなかった私に非があったのは事実です。けれども、遠くのテーブルから大声で「子どもなんか連れてくるな、バカ！」と罵声を浴びせられ、なんでそこまで罵倒されないといけないのか、とも思ったものです。

公共空間での子どもの声が、一体どうしてそこまで人の怒りを買うのでしょう。怒る人の言い分は、たいてい共通していて、公共マナー遵守の義務をあげています。うるさい子どもはもとより、その子どもを黙らせない親は、その義務を果たしていないと言って責められるのです。

では、公共マナーとは何でしょうか。それは、見ず知らずの人が出たり入ったりする公共空間で、たまたま居合わせた他人どうしがそこで互いに気持ちよく安心して過ごせるよう、相手の存在を認め合い配慮し合うことをうたったルールあるいは契約のようなものです。ここで重要なのは「互いの配慮」です。もっと言えば、「あなたのことも配慮するから、私のことも配慮してくださいね。自分勝手な振る舞いで相手を邪魔するのではなく、お互いが譲り合えば、気持ちよく過ごせます」といった合意です。ですから、公共の場での他人どうしは、互いに相手を邪魔しない、つまりそっと放っておくというのがマナーになりますが、それは、相手を完全に無視した上での放置ではなく、相手への配慮に基づく放置なのです。したがって、公共空間でのうるさい子ども、そしてその子どもを黙らせない――というより、「静かにさせようとしてもできない」と言うべきでしょう。親と子は別々の感情をもつ「他者」どうしなのですから――親は、その場にいる他人への配慮がないという理由で非難されてしまうのです。言い換えれば、みんなが自分を抑えるべきところなのに抑えられていない、自己中心的だと言って責められるのです。

そういう点で興味深いのは、ネット上では、公共の場で子どもや親に怒鳴る大人に対しても「大人げない」「恥ずかしい」「見ていて不愉快」などといった批判も散見されるということです。つまり、大勢の他人がいるところで一人苛立って大声で怒鳴ることも自分を譲歩しきれていない自己中心的な行為であり、その意味では公共マナー違反というわけです。こんなことを言ってはなんですが、レストランで怒鳴られた経験をもつ私からすれば、こんなふうに怒鳴る人が非難されるのは、仕返しができたような気分になってちょっとスカッとします。

とはいえ、そうした声はつぶやきかささやき程度のもので、やはり圧倒的に多く見られるのは、飛行機やレストランでの子どもや親に冷たく厳しい意見です。多くの人びとは、（公共マナー遵守のために）その場で怒鳴ったりはしないにせよ、公的なところで泣いたりわめいたりする子どもや、そのような子どもを連れて平気な顔をしている（ように見える）親には、やはり我慢ならない思いをかかえているのがよく分かります。

開かれた社会へ

子どもづれの親は、公共の場に出ていかないほうがいいのでしょうか？　漫画家の内田春菊氏が自身の出産・育児をモチーフに描いたマンガで、とても印象的な場面があります。母親（内田氏のこと）が小さな子どもを連れて飲食店に行ったとき、子どもがぐずり始めました。まわりの人たちもいるのに、不機嫌な子どもはますます言うことを聞かなくなり、手に負えなくなります。途方に暮れた母親は、ついに子どもを店の外に連れ出し、子どもをバシッと叩いて怒ったのでした。この母親が取った対処は、子どもへの体罰、要するに暴力ですが、公共マナー違反に厳しい人たちからすれば、適切な行為ということになるかもしれません。まわりの人への配慮のため、親は何としてでもうるさい子どもを黙らせる努力をすべきだというのがかれらの主張だからです。「まわりのよその人たちに怒られるから、ちゃんとおとなしくしなさい！」。こういう叱り方は批判を受けることも多いのですが、実際それが子どもを叱る理由なのです。

マンガでは、この母親が子どもづれで別の飲食店（中華料理店）に行くところも描かれています。中国人の店員たちは、はしゃぐ子どもをニコニコしながら受け入れてくれます。そして母親に対し、子どもがいると「これからいいことばっかりねー」と言ったのです。母親はその店主の大らかさややさしさに感動します。これまで緊張して過ごしていた公共空間をふり返り、それとのギャップを感じる様子が描かれています（内田　一九九六）。

飛行機の中と店の中。いずれも公共空間と言えばそうですが、それぞれでいろいろな反応があるのは、同じ公共といえどもさまざまな次元があることを示唆します。飛行機と店は、みんなのいる空間――したがって、みんなの迷惑になる自分勝手なふるまいは慎むべきところ――という点では確かに共通しています。しかし、飛行機は公共交通機関という点で、好き嫌いでだれかを排除することが原則不可能とされますが、飲食店が排他的になることについてはそこまで厳しく反対されません。公共交通機関と違って個人が自分の方針や思いをもって経営する店は、多少私的な要素が入り込むことが許されています。みんなが集まるところと

飲食店でうるさい子どもに母親は…

はしゃぐ子どもを受け入れてくれる中華料理店

©内田春菊／ぶんか社

はいえども、そこでいう「みんな」の範囲は異なっているのです。

マンガの中の中華料理店は、「子どもおことわり」を好めば子ども抜きの公的空間をつくることもできるのです。にもかかわらず、子どもという存在を全面的に受け入れた点が、子どもづれの親にとって新鮮で、ありがたく思われたのでした。みんなのいる場で泣いたりわめいたり、おとなしくしていられないのは確かにマナーに反し、まずいのですが、たとえそうであっても排除せず受け入れてくれるというのは、子どもの暴走を制御できず焦る親にとってはどんなに救いとなるか…と思います。

一方、飛行機や電車など公共交通機関は、だれに対しても開かれてあるべきで、閉ざされてはならないものです。「みんな」の範囲は好き勝手に変えられず、そこで「子どもおことわり」というのは、ありえないはずです。店とは違い、好意や親切心に期待するとかいう以前のものなのです。そうした場で怒鳴る人は、その点を理解していないと言えるでしょう。

大人たちが、自分のことを配慮してくれない存在だからと言って小さな子どもたちを排除し、自分たちに都合のよい世界を広げていく…。近年の日本を見ていると、そんなふうに社会が変化してきているのではないかと不安に思います。子ども学の専門家、本田和子氏が指摘するように、子どもが住みにくい社会になってきているのでしょう。人びとの心の中に「子ども不要感」や「忌避感」が育っていくと、少子化になるのも無理はないかもしれません（本田　二〇〇七）。

「子どもはみんなの宝だ」と、みんなが言える社会になることを望みます。

あとがき

子どもという「異星人」との生活を通して新たに気づき、考えさせられたこの社会についていろいろと書いてきました。「はじめに」でも述べたように、そのねらいは、自分が生きている世界について、ふだんとは異なる視点から見直すことにありました。

見えてきたのは、私たち大人のつくる世界の狭さ、余裕のなさでした。大人たちは、自分たちがつくった意味の枠組みにがんじがらめになっています。家族はこう、子どもはこう、社会はこう、と囚われ、ありのまま、いろいろなままでは納得できなくなっています。その結果、監視やコントロールをせずにはいられません。でも、子どもたちはそんな社会の中でもがんばって生きて、育っていくのです。私はそこに、子どもたちの「この世界を、みんなで一緒に生きていきたい」という叫びを聞いたように感じ、ハッとなりました。私たちは、一緒にここで生きていかなくてはいけないのです。あらためて、そんなことを教えてもらったような気がします。

子どもの視点や言い分に向き合いながら、あのときこんなことを私に伝えようとしていたのかと今ごろになって気づくことも多くありました。そんなときは、私を見つめて一所懸命に話しかける子どもの姿が頭に浮かんできて、わが子が今まで以上にいとおしく感じられました。そして、この尊い存在を大事にしたいと思うのでした。

本書を書かなければこうした体験はできませんでした。そのきっかけをつくっていただき、また原稿についてもたくさんアドバイスをくださった世界思想社の川瀬あやなさん、東知史さんに、あらためてお礼申し上げます。

そして、各章を書くにあたって、私の頭の中の整理に何度もつき合ってくれたパートナー、日々私を悩ませ楽しませてくれる息子、そして私にスリスリしてくれるタマに感謝します。みなさん、いつもここにいてくれてありがとう。

二〇一八年九月

参照文献

東浩紀・大山顕　二〇一六『ショッピングモールから考える——ユートピア・バックヤード・未来都市』幻冬舎。
天野秀昭・大村虔一　二〇一三『冒険遊び場づくり物語——子どもの豊かな育ちを実現するため、住民と行政が取り組んだ日本で初めての挑戦』NPO法人プレーパークせたがや研修センター。
内田春菊　一九九六『私たちは繁殖している②』ぶんか社。
内田良　二〇一七『ブラック部活動——子どもと先生の苦しみに向き合う』東洋館出版社。
NHK放送文化研究所　二〇一四「第9回「日本人の意識」調査（2013）結果の概要」（https://www.nhk.or.jp/bunken/summary/yoron/social/pdf/140520.pdf）
春日キスヨ　一九九二「障害児問題からみた家族福祉」野々山久也編『家族福祉の視点——多様化するライフスタイルを生きる』ミネルヴァ書房、一〇一—一三〇頁。
片瀬一男　二〇〇五『夢の行方——高校生の教育・職業アスピレーションの変容』東北大学出版会。
環境省　二〇一〇「住宅密集地における犬猫の適正飼養ガイドライン」（https://www.env.go.jp/nature/dobutsu/aigo/2_data/pamph/h2202.pdf）
菅野仁　二〇〇八『友だち幻想——人と人の〈つながり〉を考える』筑摩書房。
教育課程研究センター編　二〇一三『楽しく豊かな学級・学校生活をつくる特別活動・小学校編』文部科学省国

立教育政策研究所教育課程研究センター。
京都市　二〇一五「京都市動物との共生に向けたマナー等に関する条例」（http://www.city.kyoto.lg.jp/hokenfukushi/cmsfiles/contents/0000181/181226/doubutsu_jyourei.pdf）
国立大学法人お茶の水女子大学　二〇一五『平成二五年度　全国学力・学習状況調査（きめ細かい調査）の結果を活用した学力に影響を与える要因分析に関する調査研究』（https://www.nier.go.jp/13chousakekkahoukoku/kannren_chousa/pdf/hogosha_factorial_experiment.pdf）
笹川スポーツ財団　二〇一七「小学生のスポーツ活動における保護者の関与・負担感に関する調査研究（速報値）」（http://www.ssf.or.jp/research/report/category4/tabid/1333/Default.aspx）
ＪＴＢ広報室　二〇一六「ニュースリリース『JTB REPORT 2016　日本人海外旅行のすべて』を発行」（https://www.jtbcorp.jp/scripts_hd/image_view.asp?menu=news&id=00001&news_no=2307）
汐見稔幸　二〇〇六「インタビュー　子どものからだから教育を見直す」『クレスコ』六七号、六―一一頁。
島根県教育委員会　二〇一七「ふるさと教育基本方針」（http://www.pref.shimane.lg.jp/education/kyoiku/syougai/furusato_jigyo/gaiyo.data/01_H29kihonhousinn.pdf）
島根県立東部・西部社会教育研修センター　二〇一三『しまねの社会教育だより』一三号（http://www.pref.shimane.lg.jp/education/kyoiku/kikan/tobu_shakaikyoiku/j_teikyou/tayori.data/tayori_vol13_web.pdf）
関根道和　二〇一〇「格差社会と子どもの生活習慣・教育機会・健康――社会の絆で格差の連鎖から子どもを守る」日本学術協力財団『学術の動向』二〇一〇年四月号、八二―八七頁。
団士郎　二〇〇五「ＮＰＯ法人ＦＬＣ安心とつながりのコミュニティづくりネットワーク／団士郎理事のページ／父子旅(1)イニシエーション」（http://www.flcflc.com/tsunagari/dan/oyako/01.html）
塚本章人　二〇一四『宿題なんかこわくない――発達障害児の学習支援』かもがわ出版

内閣府大臣官房政府広報室　二〇一六「ニッポン一億総活躍プラン」(http://www.kantei.go.jp/jp/singi/ichiokusoukatsuyaku/pdf/plan1.pdf)

日本観光振興協会編　二〇一六『数字でみる観光』(二〇一六年度版) 一般社団法人日本旅行業協会。

野々山久也編　二〇一一『現代家族における公共意識の育成に関する実証的研究』(科学研究費補助金基盤研究(B)二〇〇八～一〇年度研究成果報告書)。

ベネッセ　二〇一三「ふくらむ夢と親心　子どもの「将来の夢」」(http://benesse.jp/kyouiku/201311/20131114-1.html)

ベネッセ教育総合研究所　二〇一〇『第五回学習指導基本調査（小学校・中学校版）[二〇一〇年]』(http://berd.benesse.jp/shotouchutou/research/detail1.php?id=3243)

ベネッセ教育総合研究所　二〇一五『「第五回学習基本調査」データブック [二〇一五]』(http://berd.benesse.jp/shotouchutou/research/detail1.php?id = 4801)

本田和子　二〇〇七『子どもが忌避される時代――なぜ子どもは生まれにくくなったのか』新曜社。

丸山啓史　二〇一六「宿題と学校における体罰との関連」『京都教育大学教育実践研究紀要』一六号、一六五―一七一頁。

文部科学省（国立教育政策研究所）　二〇〇七「平成一九年度全国学力・学習状況調査回答結果集計［児童質問紙］全国―児童（国・公・私立）」(http://www.nier.go.jp/tyousakekka/zenkoku_data_shou/4shitsumonsi_tyousano_kekka/S4111_kaitoukekkashuukei_jidoushitsumonshi_hyou.pdf)

文部科学省（国立教育政策研究所）　二〇〇九『平成20年度科学技術振興調整費調査研究報告書　第3期科学技術基本計画のフォローアップ「理数教育部分」に係る調査研究［理数教員に関する調査結果報告］』(https://www.nier.go.jp/seika_kaihatsu_2/risu-2-ikkatu.pdf)

文部科学省（中央教育審議会）　二〇一一「第1章　キャリア教育・職業教育の課題と基本的方向性」『キャリア教育・職業教育特別部会（第30回）配付資料　資料2—2．今後の学校におけるキャリア教育・職業教育の在り方について（答申案）』（http://www.mext.go.jp/b_menu/shingi/chukyo/chukyo10/shiryo/attach/1300202.htm）

文部科学省（国立教育政策研究所）　二〇一三「平成二五年度全国学力・学習状況調査報告書クロス集計」（http://www.nier.go.jp/13chousakekkahoukoku/data/research-report/crosstab_report.pdf）

文部科学省　二〇一六a「「次世代の学校・地域」創生プラン——学校と地域の一体改革による地域創生」（http://www.mext.go.jp/b_menu/houdou/28/01/__icsFiles/afieldfile/2016/02/01/1366426_01.pdf）

文部科学省　二〇一六b「第一章　教育政策の総合的推進」『平成二七年度　文部科学白書』（http://www.mext.go.jp/b_menu/hakusho/html/hpab201601/detail/1376667.htm）

矢野敬一　二〇〇七『「家庭の味」の戦後民俗誌——主婦と団欒の時代』青弓社。

吉見俊哉　一九九九「ネーションの儀礼としての運動会」吉見俊哉・白幡洋三郎・平田宗史・木村吉次・入江克己・紙透雅子『運動会と日本近代』青弓社、七—五三頁。

米山俊直　二〇〇三「日本のむらの見方、聞き方、語り方」古川彰・松田素二編『観光と環境の社会学』新曜社、二五九—二七七頁。

Kittay, E. F. 1999, *Love's Labor: Essays on Women, Equality, and Dependency*, Routledge.（エヴァ・フェダー・キテイ／岡野八代・牟田和恵監訳　二〇一〇『愛の労働あるいは依存とケアの正義論』白澤社）

著者紹介

片岡佳美（かたおか　よしみ）

1970年生まれ。京都市で育つ。

2001年から島根県松江市在住。

現在、島根大学法文学部教授。博士（社会学）。

現代社会において、人びとにとって「家族」とは何なのか、人びとはどのように「家族」を実践しているのかについて関心をいだき、調査研究をしている。

著書に『いま家族に何が起こっているのか』（共著、ミネルヴァ書房）、『論点ハンドブック家族社会学』（共著、世界思想社）、訳書に『家族ライフスタイルの社会学』（共訳、ミネルヴァ書房）、『家族実践の社会学』（共訳、北大路書房）がある。

こどものみらい叢書 ③
子どもが教えてくれた世界
――家族社会学者と息子と猫と

2018年10月30日　第1刷発行　　定価はカバーに表示しています

著　者　片　岡　佳　美
発行者　上　原　寿　明

世界思想社
京都市左京区岩倉南桑原町56　〒606-0031
電話　075(721)6500
振替　01000-6-2908
http://sekaishisosha.jp/

（印刷・製本 太洋社）

ISBN978-4-7907-1721-8

「こどものみらい叢書」創刊のことば

終戦より七十余年を経て、私たちをとりまく世界は大きく変化しています。こどもの生活や教育の問題については、長期的なヴィジョンと個別の適切な対応が必要にもかかわらず、長い混迷状態から抜け出せていません。

私たちには、前の世代から受け継いできたものをより豊かにして次の世代につたえていく責任があります。そのために、いま一度、私たちの行為が「こどもたちの幸せにつながるのか」という視点に立ち戻る必要があるのではないでしょうか。

そこで当社では、さまざまな分野の専門家によるエッセイをとおして、こどもたちについてより深く理解すると同時に、こどもたちの生命と人権が尊重され、かれらが自由に未来を創造できる社会を考察しようと、本叢書を企画いたしました。

こどもは、一粒の小さな種子であり、遙かなる生命の歴史と叡智が詰まった贈り物です。また、こどもは芽を吹きはじめた一本の苗であり、みずから生きていく強い力をもっています。本叢書が、そんな可能性を秘めた小さな命を育む営みに少しでも寄与できればと願っています。

こどものみらい叢書

「こどもの幸せ」を守るために私たちは何ができるか？　これからの社会をつくっていくこどもたち、そのこどもたちを育てるおとなたちを応援するシリーズ。

①
おいしい育児
家でも輝け、おとうさん！
佐川光晴

おとうさんが家事と育児をするのが当たり前になれば社会は変わる。主夫として二人の息子を育ててきた小説家が提案する豊かな育児生活。

②
お山の幼稚園で育つ
山下太郎

歩いての登園、森の探検遊び、俳句の素読などユニークな実践をするお山の幼稚園。幼児教育の大切さを信じる園長が子ども達の輝く姿を綴る。

③
子どもが教えてくれた世界
家族社会学者と息子と猫と
片岡佳美

子どもの言い分に耳を傾ければ、大人社会のありようが見えてくる。息子＆猫と暮らす家族社会学者が、日常の中の疑問を考えるエッセイ。

こどものみらい叢書

以降、続々刊行予定

お母さんのこころに寄り添う　高石恭子

こどものしあわせ、支えるしかけ　山田　容

子どもの心を育む遊び　松崎行代

私を育ててくれた本たち　中島京子

子どもが言葉にであうとき　永田　紅

書名は変更になる場合があります。